苏霍姆林斯基
（1918—1970）

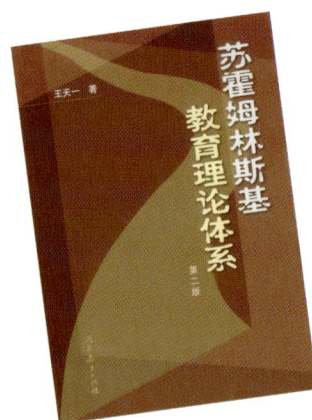

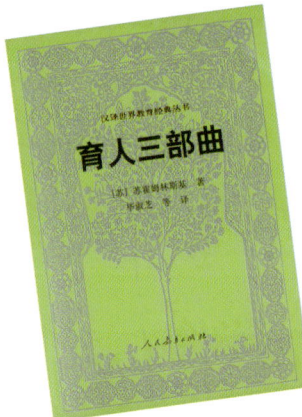
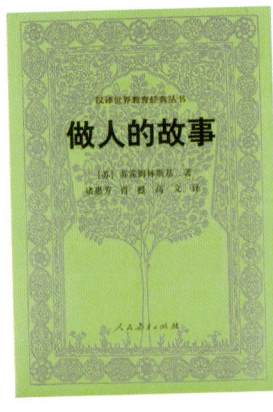
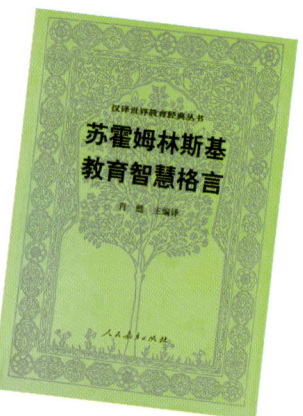

◆ 本书是"苏霍姆林斯基育人系列名著"中的一种,为苏霍姆林斯基的代表作之一。它阐述人在大学青年阶段的成才修养,与苏霍姆林斯基的另外两部代表作《把整个心灵献给孩子》(阐述人在小学儿童阶段的乐学生活)、《公民的诞生》(阐述人在中学少年阶段的和谐发展)共同构成"育人三部曲",综合地、全面系统地阐述了苏霍姆林斯基的全面发展教育思想。本书采取一位教育者同他一个已经离开中学的成年大学生对话的形式,阐发了他关于共产主义思想性、关于活动的社会内涵、关于志向与精神方面的想法,探讨了自我修养、爱情、友谊、审美观、理想等问题。全书聚焦于生活的主要内容就是劳动这一思想,强调如何对待劳动乃是人的本质优劣成败的标志,对我国加强新时代劳动教育极具启发价值。

"苏霍姆林斯基育人系列名著"编辑出版委员会

顾问　顾明远　苏霍姆林斯卡娅

主编　诸惠芳　肖　甦

委员（按姓名汉语拼音排序）

　　　　高　文　韩华球　李晓萌　刘立德　任长松

　　　　王义高　肖　甦　叶玉华　诸惠芳

丛书责编　韩华球　刘立德

本卷责编　韩华球

苏霍姆林斯基育人系列名著

给儿子的信

［苏］苏霍姆林斯基　著

叶玉华　译

中国教育出版传媒集团
人民教育出版社
·北京·

图书在版编目（CIP）数据

给儿子的信/（苏）苏霍姆林斯基著；叶玉华译.—北京：人民教育出版社，2023.11
（苏霍姆林斯基育人系列名著）
ISBN 978-7-107-37279-7

Ⅰ.①给… Ⅱ.①苏… ②叶… Ⅲ.①苏霍姆林斯基—教育思想 Ⅳ.①G40-095.12

中国国家版本馆CIP数据核字（2023）第223556号

给儿子的信

出版发行	人民教育出版社
	（北京市海淀区中关村南大街17号院1号楼　邮编：100081）
网　　址	http://www.pep.com.cn
经　　销	全国新华书店
印　　刷	北京中科印刷有限公司
版　　次	2023年11月第1版
印　　次	2023年12月第1次印刷
开　　本	787毫米×1 092毫米　1/16
印　　张	10.75
字　　数	120千字
定　　价	34.00元

版权所有·未经许可不得采用任何方式擅自复制或使用本产品任何部分·违者必究
如发现内容质量问题、印装质量问题，请与本社联系。电话：400-810-5788

"苏霍姆林斯基育人系列名著"出版说明

苏霍姆林斯基是享有国际盛誉的著名教育家,是对当代中国基础教育影响最大的外国教育家。他的教育著作被称为"活的教育学"和"学校教育的百科全书",在世界各国特别是我国的中小学教师中产生了非常广泛和深远的影响。

长期以来,人民教育出版社一直非常重视传播苏霍姆林斯基教育思想和相关研究成果。早在20世纪50年代,我社编辑出版的《教育译报》杂志就刊登了苏霍姆林斯基关于劳动教育的文章。改革开放以来,我社编辑出版的外国教育史教材中都设有专章评介苏霍姆林斯基的教育思想和事迹。1992年,我社出版了王天一教授撰著的《苏霍姆林斯基教育理论体系》(2003年修订再版)。1998年,出版了苏霍姆林斯基的《育人三部曲》和《做人的故事》(2015年将这两部著作纳入"汉译世界教育经典丛书"再版)。2014年,出版了肖甦教授主编译的《苏霍姆林斯基教育智慧格言》。2017年、2018年,分别出版了孙孔懿研究员撰著的《苏霍姆林斯基评传》和《苏霍姆林斯基教育学说》。2018年9月26日，我社主办了纪念苏霍姆林斯基诞辰100周年座谈会暨《苏霍姆林斯基教育学说》首发式。这些论著的出版和活动的举行，对苏霍姆林斯基教育思想在中国的传播做出了应有的贡献。

正如苏霍姆林斯基所强调的，日新月异的新时代终究还是"人"的时代，教育的出发点和落脚点也依然是"人"。苏霍姆林斯基的教育经典著作在当下依然具有毋庸置疑的时代价值。为此，我社以"育人"为主题策划出版"苏霍姆林斯基育人系列名著"。该丛书包括苏霍姆林斯基的10部代表性著作：《把整个心灵献给孩子》《公民的诞生》《给儿子的信》《做人的故事》《要相信人》《关于人的思考》《怎样培养真正的人》《关于人的全面发展教育问题》《给教师的一百条建议》《帕夫雷什中学》。从书目选择方面看，其中有些是20世纪80年代出版后就没有再版过的；从修订和翻译情况看，有些是对原译本的修订，有些是全新译本，并且修订本和新译本超过丛书的一半。我们希望本系列名著成为发展素质教育、落实立德树人根本任务、推进人的全面发展的重要参照和精神食粮。

欢迎广大读者对本系列名著的编辑出版工作提出宝贵意见和建议，以使之不断完善。

人民教育出版社

2023年4月23日

超越时空的人道主义教育学经典
——"苏霍姆林斯基育人系列名著"总序

在世界教育思想宝库中,苏联教育家苏霍姆林斯基(В. А. Сухомлинский)的人道主义教育思想体系是其中一颗璀璨明珠,这一思想体系不仅丰富、深刻,而且深深扎根于教育实践,富有鲜活的生命力。它的基本宗旨是培养全面和谐发展的人,在"教育学就是人学"的核心命题下,教学以人为本、育人以德为先是其精髓所在,而以立德为准绳、使德智体美劳各育相互融通的和谐施教观则是其实践的基本路径。苏霍姆林斯基用自己全部的教育生涯和丰富的教育著述,建构了这个具有鲜明特色的人道主义教育理论与实践体系。其人学意蕴的教育学观超越了他所处的时代,不仅影响了相同社会制度国家的教育,而且超越了社会制度与意识形态,受到世界上不同国家的共同关注。

苏霍姆林斯基的教育思想对中国基础教育界的影响尤其突出,他的全面和谐发展的教育理论与实践影响了中国几代教育人。20世纪50年代，苏霍姆林斯基关于劳动教育的文章就被翻译成中文刊登在我国教育期刊上；1958年，中国杭州的年轻教师王宜就曾到帕夫雷什中学拜访过苏霍姆林斯基校长。从20世纪70年代末开始，中国教育界就对苏霍姆林斯基教育体系进行大规模的传播和研究。40余年来，这位教育大师的大部分著作已被翻译成中文，各种译著的出版发行总量已达到数百万册。在研读其著作、践行其理论的过程中，我们的教育研究者、教育管理者、普通的学校教师及高等学校教育学专业的学习者撰写的研究性著作、学术文章、学位论文、读书笔记、学习心得等多达数万篇（部）。时至今日，苏霍姆林斯基的众多著作仍是我国广大教育工作者爱不释手的案头书。

我国广大教育同人对苏霍姆林斯基思想与作品的追求与喜爱，不仅证明了这位教育家的人格魅力、其理论体系的影响力与吸引力，而且从一个侧面表明，苏霍姆林斯基著作的出版发行是一项具有常态化市场需求的高质量工程。为适应新时代苏霍姆林斯基教育思想研学热情持续升温的新形势，严把译著出版质量关，满足经典作品普及的需求，一些出版社陆续启动了苏霍姆林斯基教育著作再版再译或新版新译工程。

欣闻人民教育出版社已选定10部苏霍姆林斯基的著作，以修订原译与重新翻译相结合为原则，集合成"苏霍姆林斯基育人系列名著"出版。我认为这是一个非常好的创意。一方面，苏霍姆林斯基的人道主义教育学思想与当下我国教育改革的需求高度契合，对于促进立德树人、全面和谐发展、德智体美劳五育并举及"双减"政策的有效落实，不仅不过时，而且具启发借鉴的意义。另一方面，苏霍姆林斯基去世已过50年，其所有已出版的著作进入公版领域，而在我国随即掀起的新一轮苏霍姆林斯基著作出版热中，有少数为蹭热度，单纯追求经济利益的短平快翻译出版物，其质量令人担忧，给广大读者造成了不少困惑。因此，作为国家级教育出版大社，人民教育出版社的上述决策值得点赞，反映了其使命意识和责任担当。

"苏霍姆林斯基育人系列名著"包括：《把整个心灵献给孩子》《公民的诞生》《给儿子的信》《做人的故事》《要相信人》《关于人的思考》《怎样培养真正的人》《关于人的全面发展教育问题》《给教师的一百条建议》《帕夫雷什中学》。这些图书有的是我们耳熟能详的，有的在20世纪80年代出版后就没有再版过。从书名上看，有些保持了旧有翻译，有些做了改动，比如，之前Верьте в Человека译成《要相信孩子》，而原著书名中的"человек"实际上是"人"的意思，作者的本意就是告诫教育者要将孩子视为平等的、应被尊重的人来对待和信任，这也是苏霍姆林斯基人道主义教育学的初衷所在。盖因20世纪80年代初期我国处于改革开放起步阶段，在舶来品图书书名上突出人、人性、人道主义的色彩尚不具备条件，所以，为求稳妥又不过多改变原意，最初的翻译选择了《要相信孩子》作为书名。此次该书的全新译本还原著书名以本来面貌，译为《要相信人》。

这套丛书中的各部著作在写作风格上各有特色，记叙型、议叙结合型、对话问答型、学理研究型皆有，篇幅也各不相同，但它们的书名基本都有"人"的存在，在内容上亦有共同的特征：都直接聚焦活生生的人如何得以全面和谐发展，都是作为教师和校长的苏霍姆林斯基对27年帕夫雷什中学的教育实践、围绕教育的普遍规律与人的个性发展特质所进行的深度思考和认知表达。我非常赞同人民教育出版社将这些著作集合于同一系列，并冠之以"育人系列名著"的表达，因为这恰如其分地凸显了苏霍姆林斯基人道主义教育学的基本特征。

那么，这位伟大教育家的全面和谐发展教育体系究竟是怎样的人道主义教育学，又怎样能成为经久不衰的、备受教育工作者推崇与珍爱的"学校教育的百科全书"呢？让我们带着崇高的敬意和理性的思考再度走近苏霍姆林斯基，检视其教育思想超越时空的永恒价值和现实影响力吧。

一、为什么说教育学就是人学？

苏霍姆林斯基的人道主义教育学产生于他所处的时代，既离不开其个人成长的生活环境与社会背景，也离不开其教育科学的理论积累和实践探究。"教育学就是人学"，在对教育如此独到精准定性的不断求索中，苏霍姆林斯基为培养全面和谐发展的人、有德行的人、能自主获得幸福的人殚精竭虑，奉献了毕生的精力。

（一）形成人学教育观的重要动因

105年前，在乌克兰中部的一个村庄，一个婴儿呱呱坠地。在普通的家庭中，在平凡的日子里，得益于祖辈、父辈对孩子进行的自然、朴实、人本的教育，这个孩子从小学到中学，到师范专科，再到函授高等师范，逐渐长大成人，成为一名中学教师。他就是苏霍姆林斯基。他成长的环境是普通农村，他求学就业的轨迹没有什么特殊的，他在生活中积累经验、获取知识、磨砺本领、提升智慧。如果没有爆发战争，他可能会像千千万万个普通苏联公民一样，在自己的工作岗位上完成乡村教师的一生。

然而，历史没有这个"如果"，恰恰是第二次世界大战的战火改变了苏联的命运，也改变了作为普通苏联公民的苏霍姆林斯基的命运。这场反法西斯战争使苏联人民付出了近 2 700 万个鲜活的生命，几乎没有家庭能幸免于战争的伤害。苏霍姆林斯基的家乡、他的至爱亲人、他自己都成为这场战争的受害者。1941 年秋，苏霍姆林斯基以连队指导员的身份奔赴前线。残酷的战争让他两度负伤，在第二次重伤后的战地手术中，因医疗条件有限，两块在胸部的弹片无法取出，影响了他的健康。也正是这两块一直留在身体内的弹片重塑了他的生命轨迹和思想轨迹：连队指导员、退伍转业军人、地方教育管理者、基层乡村学校的校长、用生命致力于人道主义教育探索的理论型实践家。

体内残留的弹片导致了苏霍姆林斯基与生命赛跑的倒计时人生。医生告诉他，一旦弹片移动至心脏附近的血管，生命随时可能戛然而止。虽然小小的弹片给苏霍姆林斯基带来肉体上终身的痛苦，但也促使他不停歇地思考，思考侵略战争的罪恶、和平的意义、人性的本质、教育的功用。他确认：个人的和谐发展是家庭和谐、社会安定、世界和平、人类幸福的基本前提；人性的塑造有赖于教育，教育必须培养人性、培养德行；和谐发展以德为先乃教育之根本任务。随着大量的教育实践和探索，他的观点越发清晰——就教育本质的深刻性而言，教育学就是人学！教育的使命就是培养人性！

在平凡的工作岗位上，在同病痛抗争的日日夜夜里，苏霍姆林斯基将乡村学校作为新的战场，依靠坚定的教育信念和丰富的教育智慧，通过梳理丰富多样的教育案例及展开理论与实践的转换与提升，给人们留下了近 50 部专著、600 多篇论文、1 500 多个教育寓言和不计其数的教育书信。这些生动鲜活的文字让更多的教育者了解其人学教育观的真谛，并继续其人道主义教育学的实践探究。

（二）教育必须看见人，关注人本身

走近苏霍姆林斯基的教育遗产，我们不难发现，他的著作中无一不涉及人、人性、培养人、培养真正的人、培养大写的人、培养全面和谐发展的人等内容。他反复强调，教育学首先就是人学，必须注重人本身，必须是和谐的教育。他坚持认为，人在时代变革中的重要地位无可比拟，尽管人类似乎已生活在数学、物理学、电子学的时代，但更重要的是"世界正进入一个'人的世纪'。我们现在应当比以往任何时候都更多地考虑：要用什么来充实人的心灵"[1]。他指出，自然科学的重要性无须争辩，但同样重要的是施以道德教育、精神影响。苏霍姆林斯基一再申明，教育，首先是教师跟孩子在精神上的经常接触，他的生活、健康、智慧、性格、意志、公民表现和精神面貌，他在生活中的地位和作用，他的幸福，都取决于教师。"教师的职业是一门研究人的学问，要长期不断地深入人的复杂的精神世界。在人的身上经常能发现新的东西，对新的东西感到惊奇，

---

[1] ［苏］苏霍姆林斯基著，赵玮等译：《和青年校长的谈话》，教育科学出版社 2009 年版，第 166 页。

能看到形成过程中的人——这种出色的特点就是滋养教育工作才能的基础。"①"学校教育的理想是培养全面和谐发展的人,社会进步的积极参与者。"②苏霍姆林斯基在自己的著述中提及教育使命和职能的话题时,较多地使用"人"而不是"孩子""学生"来表述,这一语言特点在一定层面上体现出其人学教育观的厚重所在。

教育以人为出发点,就必须符合人在现实生活中发展的实际需求。针对当时教育目标或是单纯为升学做准备,或是单纯为就业做准备,苏霍姆林斯基提出,学校的根本目标是培养全面和谐发展的、富有创造性并精神充实的公民和能收获幸福的个人。他认为这个目标是人一生的基础,有助于升学和就业,既给社会提供创造性的建设人才与合格公民,又保证每个人精神充实且生活幸福。他说:"远非每个人都能成为学者、作家、演员,远非每个人都能发明火药,但每个人应当成为自己行业上的能手——此乃个人全面发展的重要条件。"③

基于如此的人学教育观,苏霍姆林斯基强调,教育首先应当看见人、关注人,而且必须尊重人、相信人,从而完成启迪人、培养人的使命。他认为,每个人都是独立的,每个孩子亦各不相同,每个孩子都是一个独一无二的精神世界。"教师要善于在每一个学生面

---

① 蔡汀、王义高、祖晶主编:《苏霍姆林斯基选集》第二卷,教育科学出版社2001年版,第535页。
② [苏]苏霍姆林斯基著,赵玮等译:《帕夫雷什中学》,教育科学出版社1983年版,前言第9页。
③ 蔡汀、王义高、祖晶主编:《苏霍姆林斯基选集》第一卷,教育科学出版社2001年版,第47页。

前,甚至是最平庸的、在智力发展上最有困难的学生面前,都向他打开他的精神发展的领域,使他能在这个领域里达到顶点,显示自己,宣告大写的'我'的存在,从人的自尊感的泉源中汲取力量,感到自己并不低人一等,而是一个精神丰富的人。"①

在苏霍姆林斯基眼中,看见人还有更丰富、更人性的意思。他认为,"看见"与"看到"是不同的,"看见"之更深层的教育含义在于:教育者不只看到人的物理形态,更要看见其精神形态;教育者不仅要看到孩子的现实形态,还应预见其未来形态;教育者应当从孩子身上看见未来的父母,从学生身上看见未来的社会建设者。他曾反复告诫教育者:一个人无论今后成为什么样的人,他都将会成为父亲或母亲,高明的教育之道是要善于把学生看作未来的父亲或母亲,要善于从这样的立场来看待教育现象,因为"再过20年,我们的小学生就会领着自己的儿子来上学,就会跟我们一起来思考怎样更好地教育他"②。显然,在这里,把孩子视为父母实施教育的意义已经不局限于儿童教育学、家长教育学的范畴,而是苏霍姆林斯基整体的人学教育观的起始环节、关键环节。

社会由人集合而成,社会的整体素质取决于许许多多的个人素质,人天生无好坏之分,教育对培养精神层面的人至关重要。看见人,看见孩子,是要关注孩子的精神世界;尊重人,尊重孩子,是要尊重将会为人父母的孩子;培养人,培养孩子,是要培养和谐发

---

① ② 蔡汀、王义高、祖晶主编:《苏霍姆林斯基选集》第一卷,教育科学出版社2001年版,第94、112页。

展的孩子。因循这样的人学教育观，人们就不难理解，关注人本身，关注孩子个体的成长，也就意味着关注未来家庭的健康与和谐；关注未来家庭的和谐发展，也就意味着关注以社会基本成员与基本单位的和谐发展为基础的社会整体的健康发展与不断进步。于是，教育影响如此由个别向一般展开，教育功能如此由个体向集群释放，恰恰又是以人为本的教育哲学命题的有序逻辑拆解。

二、苏霍姆林斯基人学教育观的核心内涵

培养真正的人、全面和谐发展的人，是苏霍姆林斯基穷其一生都在思考和探索的问题。他用亲身的教育实践和丰富的理性思考证明了和谐发展的教育必须是德智体美劳五育相互渗透的立体系统，是以人为本、和谐发展的教育。

（一）人学教育观的核心目标是人的全面和谐发展

苏霍姆林斯基在去世前曾竭尽全力拼命干，以便结束主要的工作，即完成几本尚未写完的书。人们不禁要问：这究竟是些怎样的书，能让这位教育家仍以忘我的意志力笔耕不辍于病榻之上？循作者创作年谱看去，我们发现，《怎样培养真正的人》《关于人的全面发展教育问题》两部作品醒目于其中，都是作者写到生命的最后并在其去世后出版的重要著作。前者以对 60 个问题作答的形式，从学校、家庭、社会、师生等多个角度，详尽阐述何为真正的人、如何培养真正的人；后者是作者准备用来申请教育学博士学位答辩的论文，集合了作者毕生对人的全面和谐发展教育一些重大问题的深刻理性思考和人道主义教育实践探索的经验概括，虽未及答辩，但著

作出版后被苏联教育界公认是一篇优秀的博士论文。

真正的人应该是什么样的呢？在苏霍姆林斯基眼里，人作为人而出生，应该努力成为一个大写的人、真正的人，一个有精神追求的人。真正的人要有精神需求和精神财富，要有信仰，有信念，有自尊，有智慧，有健壮的体魄，有发现美的需要，有爱劳动的热情和能力，有爱人之心和同情心，有奉献的精神，有成为好人的热望。"真正的人要有一种精神——人的精神，这种人的精神会在信念与情感、意志与追求之中，会在对待他人和自己本人的态度上，会在分明的爱与憎，在善于看到理想并为之而奋斗方面表现出来。"①

全面和谐发展又是怎样的发展呢？苏霍姆林斯基认为，实现人的全面发展，实际上是实现个体的充分发展，实现个性的身心力量的多方面发展，创造个性综合素养得以持续提升的可能性。在他看来，"在一个全面发展的、活生生的、有血有肉的人身上，体现出力量、能力、热情和需要的完满与和谐"②，在这种和谐里应能看到"道德的、思想的、公民的、智力的、创造的、劳动的、审美的、情感的、身体的完善等"③。苏霍姆林斯基细致地、立体地用五种角色来勾勒全面和谐发展的形象：第一，是社会物质生产领域和精神生活领域中的创造者；第二，是物质和精神财富的享用者；第三，是有道德和文化素养的人，是人类文化财富的鉴赏者和细心的保护者；第

---

① 蔡汀、王义高、祖晶主编：《苏霍姆林斯基选集》第二卷，教育科学出版社2001年版，第196—197页。
②③ [苏]苏霍姆林斯基著，王家驹等译：《关于全面发展教育的问题》，湖南教育出版社1984年版，第12页。

四，是积极的社会活动者、公民；第五，是基于崇高道德的新家庭的建立者。① 全面和谐发展的人集五种角色于一身的观点，不仅体现了个体发展的全面性、和谐性，而且阐明了作为个体的人与社会的人同命运发展的逻辑性和动态性，从而再次彰显出这位伟大教育家人学教育观的深刻性和前瞻性。

（二）实现全面和谐发展的基本路径是和谐教育，主导方向是立德为先

"人是要教育的，为此必须懂得用什么去进行教育和怎样进行教育。"② 为了实现培养全面和谐发展的人的教育目标，苏霍姆林斯基以丰富的理论辨析和实践探索予以了翔实论证。他认为，要实现人的全面发展的思想，必须深入改善整个教育过程，决定学生全面发展效果的重要环节是学校，全面发展思想渗透的路径是实施和谐教育，"没有和谐的教育工作，就不可能培养出和谐的全面发展的人"③。

苏霍姆林斯基在《关于和谐的教育的一些想法》一文中专门提到，和谐的教育就是如何把人的活动的两种职能结合起来，实现其平衡发展。一种职能是人认识和理解客观世界，另一种职能是人的自我表现。后者包括人的内在本质的表现，自己的世界观、观点、信念、意志力、性格在积极的劳动和创造中，以及在集体成员的相

---

① 蔡汀、王义高、祖晶主编：《苏霍姆林斯基选集》第四卷，教育科学出版社2001年版，第13页。
② ［苏］苏霍姆林斯基著，赵玮等译：《和青年校长的谈话》，教育科学出版社2009年版，第163页。
③ 蔡汀、王义高、祖晶主编：《苏霍姆林斯基选集》第一卷，教育科学出版社2001年版，第95页。

互关系中的表现。① 正是在这一点上，即在人的表现上，"应当加以深刻思考，并且朝着这个方向改革教育工作"②。他指出，现实中教育的弊端就在于人们所关注的"人的表现"出现了片面性、畸形的单方面性——"人的表现的唯一领域就是知识的评分"成为很多学校的普遍现象，这会成为教育不和谐、成长不和谐的根源。"如果教师和学校舆论唯一地根据分数来给一个人做出好的或坏的结论，那他就不会努力去当一个好人。因为上课、掌握知识、分数——这只是人的精神生活的一个局部，只是许多领域中的一个领域。而偏偏在这个领域中，许多人会遇到巨大的困难和挫折。"③ 为此，苏霍姆林斯基提醒教育者"时刻都不要忘记：有一样东西是任何教学大纲和教科书、任何教学方法和教学方式都没有做出规定的，这就是儿童的幸福和充实的精神生活"④。所以他确信："和谐的教育——这就是发现深藏在每一个人内心的财富。共产主义教育的明智，就在于使每一个人在他的天赋所及的一切领域中最充分地表现自己。人的充分的表现，这既是社会的幸福，也是个人的幸福。"⑤ 显然，在苏霍姆林斯基那里，和谐教育就是创造条件帮助人实现充分的表现，不仅是在认识世界、掌握知识的领域得到表现，而且要在天赋所及的所有领域，尤其是在精神生活中得到充分的表现，用他的话说，就是指使"人之所以能称其为人"的个性的和谐发展、其精神世界的和谐展现。

---

①②③④⑤ ［苏］苏霍姆林斯基著，杜殿坤编译：《给教师的建议》，教育科学出版社1984年版，第471、471、473、473、480页。

那么，和谐的教育、和谐的个性、和谐的精神世界以何为导向，又如何实现呢？苏霍姆林斯基就此回答道：培养全面发展的、和谐的个性之过程就在于，教育者在关注完善人的每个方面及特征的同时，时刻都要清楚它们之间的和谐是由某种主导的、首要的东西决定的，"在这个和谐里起决定作用的、主导的成分是道德"[1]。他反复强调："要使我们所教育的人多方面活动的道德丰富性在学校精神生活的一切领域中得到表现。"[2] 在分析科技发展促进社会发展条件下学校知识教育的特点时，苏霍姆林斯基认为，知识在人的道德面貌形成过程中具有非常重要的作用，自然科学知识不仅同关于人的知识、与人的心灵和信念直接相关的知识一样重要，而且"在当前这个时代，只有把道德美和智力的丰富性结合起来，不断地向青年们揭示出人的新的品质，你才可能博得年轻人的心灵和理智"[3]。现代科技与智慧赋予了人如此巨大的支配自然界的权力，以至于一个人就可以决定成千上万人的命运，此人的道德感、对于他人的义务感和使命感就要比知识和智能本身更重要，如核电站、铁路枢纽是由按钮控制的，而按钮就掌握在人的手里！苏霍姆林斯基用俄国著名自然科学家、哲学家罗蒙诺索夫贴切的名言提醒人们"知识如果掌握在没有道德之人手中，无异于疯子手持着利剑"。他强调必须注重知识水平与道德水平的相互关系，实现人的和谐发展，必须立德为先，以

---

[1][2] 蔡汀、王义高、祖晶主编：《苏霍姆林斯基选集》第一卷，教育科学出版社2001年版，第93、96页。

[3] ［苏］苏霍姆林斯基著，赵玮等译：《和青年校长的谈话》，教育科学出版社2009年版，第178页。

德育为引领。"人是一种精神力量。我在这一真理中看到了全部道德教育的一根红线。"①的确,在苏霍姆林斯基那里,人的全面和谐发展离不开贯穿于其中的德育红线,德育既是全面和谐发展的导向,又是和谐教育的标杆,在德智体美劳各育的实施与相互渗透中,它能将一个蹒跚学步的孩子培养成有思想、有信仰、有觉悟、有德行、有可持续发展动力的合格公民。

三、苏霍姆林斯基人学教育观的穿透力与影响力

苏霍姆林斯基是世界著名教育家,其人学教育观具有极强的穿透力和影响力。他的名字在20世纪50年代就已经从苏联走向了世界。时至他诞辰100多年之后的今天,世界上不同地方对其教育思想的研究与践行仍在继续。

(一)既是民族的财富,又是人类的财富

奥·苏霍姆林斯卡娅是苏霍姆林斯基的女儿,也是乌克兰教育科学院资深院士。受父亲的教育情怀的影响,她也把从事教育研究作为自己终身的事业。在做好本职学术研究的同时,她长期致力于其父亲教育著作的整理和教育思想的收集、挖掘工作,出版和发表了大量著作和论文。2018年,她应《比较教育研究》杂志之约,为纪念其父亲百年诞辰专门撰稿,文章的题目是《身心健康永远是教育的第一要务——苏霍姆林斯基儿童健康教育观的历史前瞻性》。笔者作为约稿人,在约稿时曾特地问她:为什么不写一个大视角大题

---

① [苏]苏霍姆林斯基著,罗联辉译,欧阳馨校:《怎样培养真正的人》,湖南教育出版社1987年版,第1页。

目的文章，向我们介绍苏霍姆林斯基在世界范围内的影响，并解读他为什么能给世界的过去、现在乃至未来带来这些影响？她回答："我整理父亲的遗产是因为他的思想体系有很强的教育意义和时代价值，而回答苏霍姆林斯基在全世界为何有如此影响，为何引起长期、持续关注这类问题，尤其不应当是我等作为子女的人的责任。我要做的是挖掘、研究你们尚未接触、尚未发现而我又因拥有继承其遗产优势所能注意到的一些新问题、新领域。苏霍姆林斯基的思想和远见是超前的，既超越了他的时代，又对当今时代具有现实意义。这次我写的是父亲关于孩子的健康教育和健康文明话题，当今世界任何东西都在发展，都在变化，唯有人，尤其孩子的健康是恒久不变的主题。没有这种身体的健康和心理的健康，世界将不会走远。"

乌克兰教育科学院院长科列缅教授认为，应当从民族国家的角度探讨苏霍姆林斯基思想体系的影响和价值。他指出，苏霍姆林斯基的教育遗产不仅是民族的，也是世界的财富。对于国家发展来说，苏霍姆林斯基为乌克兰教育科学的发展做出了贡献，其人道主义的、以儿童为中心的超前的教育理念依然起引领作用。对于世界来说，他的创造性贡献属于全人类，因为在苏霍姆林斯基的人道主义价值体系中，人是核心。人道主义作为培养全人类价值观的基础，是培养"在国家空间和全球化空间中发挥作用的人"所必需的教育特征。因此，苏霍姆林斯基教育思想是全人类的共同财富。

(二) *超越时空的教育宝库*

波兰科学院教育学委员会名誉主席、耄耋老人列沃维茨基称苏霍姆林斯基是坚定的人道主义思想的实践者。他认为苏霍姆林斯基的教育学是充满着人道主义精神的教育学,是善良教育学、爱的教育学、心灵教育学和快乐教育学。他呼吁人们向苏霍姆林斯基的教育经典致敬,要像苏霍姆林斯基那样用人道主义价值观来衡量人们的生活,展开教育。

澳大利亚的艾伦·科克里尔教授在自己的青年时代被苏霍姆林斯基的名字和学说吸引,专程自费去苏联做研究,并以苏霍姆林斯基的教育学说为选题完成了博士论文。回到澳大利亚,他在不同的教育机构工作时,都始终不遗余力地传播和研究苏霍姆林斯基的思想。他不但翻译了苏霍姆林斯基的著作,而且把苏霍姆林斯基撰写的德育小故事悉数翻译出来带进小学生的课堂。他引导孩子们把对故事的理解通过自己的双手创作成绘画,并将这种做法扩展到其他国家的同龄孩子中,让孩子们进行相同素材的个性化、创造性劳动。每个人对于故事的不同理解会呈现出不同的画面,在讲述自己作画的理由和特点的过程中,孩子们不但加深了对故事内涵的理解,而且得到了语言表达的锻炼和绘画美的陶冶,可谓德智美劳各育皆有成效。

德国研究者埃里卡·卡尔特曼博士认为,苏霍姆林斯基强调通过"情感文化"引导、教育儿童与自然交流,唤醒其情感,培养其性格。这不仅有助于儿童思维的发展,而且使其生长成与其天赋相对应的"真正的""精神上的"人。因此,在大自然中通过"情感文化"教育儿童的人学教育思想与实践是苏霍姆林斯基伟大的个人成就。

苏霍姆林斯基的思想一直被日本研究者关注。1998年,在北京师范大学举办的苏霍姆林斯基教育思想国际研讨会上,早稻田大学岩崎正吾教授与我不期而遇。在日本,他除了翻译出版大量的苏霍姆林斯基著作、发表众多相关教育研究成果,也在自己的学校实践中进行比对。他在梳理日本研究苏霍姆林斯基以及苏联教育学的特点时指出,苏联后期颇具影响力的教育改革思潮协动教育学(中国学者翻译成合作教育学)在很大程度上受到了苏霍姆林斯基和谐发展教育观的影响,体现了对学生个体人格的尊重,是在尊重基础上的师生平等的合作学习。这种观点对当时日本教育改革产生了尤其明显的影响。

不难发现,各国的研究者不约而同地将关注点落到了苏霍姆林斯基的人性观、人学观上,乃至有人直接阐明,苏霍姆林斯基教育思想超越时空的关键就是人道主义。的确,正是人、人性、人道主义是苏霍姆林斯基教育思想体系的核心,才吸引了不同国家教育者的关注,才殊途同归地解读出其核心思想的合理性、深刻性、永恒性。

(三)用生命与智慧写就的"活的教育学"

苏霍姆林斯基及其教育学说在中国的知名度很高。我国有世界上最庞大的教师队伍,教师数量达1 800万人。从这个意义上讲,苏霍姆林斯基不仅是中国教育界知名度最高的外国教育家之一,也是世界上知名度最高的教育家之一。中国教师对于苏霍姆林斯基的喜爱在于他的人学教育观朴素、真实、有温度,他对教育理念的诠释通俗、直观、有启发性,他对教育实践的梳理具体、生动、有代入感。他用生命与智慧写就的散发着人性光辉的"活的教育学"一直被中国教育工作者视为"学校教育的百科全书"。

苏霍姆林斯基把教育视为自己的生命，视为人类的生命。他植根于最基层的教育现场，用全部的情感与智慧去爱孩子、爱学校、爱教育，用毕生的精力探索人的培养问题，探索教育的真谛。其思想脉络中最关键、最恒久不变的东西是人的真、善、美，是人性美德。他所致力于培养的人，是健康的个体、和谐的自己，是合格的未来父母，是故乡的人，是社会的人，是国家的人，是世界的人，是大写的人，是真正的人。正是对人性本真的珍视、追求与塑造，才使这位教育家的理论与实践体系得以超越时空。

苏霍姆林斯基把教育视为艺术。他始终在教育的舞台上思考教育的艺术和艺术的教育。阅读他的著作，能够让我们把教育不仅视为美学意义的艺术，视为发现的艺术、沟通的艺术，还视为情感的艺术、心灵的艺术，更视为成长的艺术、创造的艺术。他的教育信仰、教育理念、教育实践正是仰仗于他的思考的艺术、行动的艺术、语言的艺术深刻而生动地流淌于他的著作中，浓缩于他的文字里。徜徉于其作品中，我们在真挚与美感中感悟人格的魅力，在人格的魅力中汲取教育的智慧，在教育的智慧中思考育人的真谛，在育人的求索中激发创造的欲望……人格要用人格来培养，苏霍姆林斯基用毕生做出了表率。

时光虽已越过50年，但苏霍姆林斯基并未走远。他既属于自己的那个时代，又超越了那个时代。尽管不同的时代有不同的主题和任务，但人性的根本实质不变，人学的基本使命不变。昨天的教师，今天的教师，无疑还有明天的教师，已经并将继续从这部"活的教育学"中受益。

四、结语

随着时代发展和科技变革,教育环境、形式和内容也在发生变化,但是正如苏霍姆林斯基所强调的,日新月异的新时代终究还是"人"的时代,教育的出发点和落脚点也依然是"人"。在"人"的时代,社会发展的不同阶段有不尽相同的教育主题和学校任务,但人性的根本实质与教育的基本使命始终是不变的。

因此,昔日苏霍姆林斯基的教育经典学说对于今天的我们不仅没有丝毫违和感,而且依然具有毋庸置疑的时代价值。他的人道主义教育思想依然鲜活,他的以道德教育为主线的和谐发展教育体系依然具有强烈的现实意义,他引用的"知识如果掌握在没有道德之人手中,无异于疯子手持着利剑"的名句比任何时候都更加振聋发聩,警醒世人。同样也因此,他的这些教育经典更加需要珍视,需要弘扬,需要深入研读和深刻反思。而这,不可或缺地需要对教育经典的深入研究及高质量译作的出版平台。

人民教育出版社在苏霍姆林斯基教育思想的传播与研究中贡献突出。1992年,出版了王天一撰著的《苏霍姆林斯基教育理论体系》。1993年出版的由毕淑芝、王义高主编的《当代外国教育思想研究》一书中,也有专章评介苏霍姆林斯基教育思想体系。1998年,《育人三部曲》《做人的故事》两部译著赶在8月出版,使我得以在同年秋天赴乌克兰参加纪念苏霍姆林斯基诞辰80周年国际研讨会时,把它们作为礼物送给了乌克兰苏霍姆林斯基国家图书馆和帕夫雷什中学图书馆。2014—2015 年，将苏霍姆林斯基的《育人三部曲》《做人的故事》和《苏霍姆林斯基教育智慧格言》三本译著纳入"汉译世界教育经典丛书"。这是对苏霍姆林斯基教育体系的历史价值与时代意义的又一次肯定。之后又出版了孙孔懿撰著的《苏霍姆林斯基评传》（2017）、《苏霍姆林斯基教育学说》（2018）等重量级的研究专著。

如今，人民教育出版社以"育人"为主题策划的"苏霍姆林斯基育人系列名著"即将出版，这在客观上可以更好地营造出苏霍姆林斯基人道主义教育学的立体空间。它既包括教育者，也包括受教育者；既包括学校，也包括家庭；既包括教育者的理念，也包括对不同学段孩子施教的措施与方法。其中丰富的、鲜活的教育案例能再次集中地呈现和彰显苏霍姆林斯基人学教育学育人的温度与深度、胸怀与情怀、形象与形态、画风与画面……相信人民教育出版社这次创意设计和出版努力，一定会使苏霍姆林斯基的思想学说进一步成为助力我国教育改革创新、推进全面和谐发展教育的营养丰富的精神食粮。

让我们珍视经典，弘扬经典，并向苏霍姆林斯基和他留下的教育经典致敬！

肖 甦

2023 年 3 月

（总序作者系北京师范大学教育学部教授、博士生导师，全国苏霍姆林斯基研究会原会长，国际苏霍姆林斯基研究会理事）

本书译者前言*

苏霍姆林斯基（1918—1970）早已是我国教育同人所熟知的一位教育家了。他的著作的中译本多达二十多部；他论学生全面发展的思想已在我国产生了不小的影响；他的许多名言和术语，诸如"让孩子抬起头来走路""用多把尺子衡量学生""创办快乐学校""实施和谐教育""孩子的智慧出在手指头上"等，也在我国教育界广为流传，在我国广大校长、教师中产生了共鸣。

实践证明，苏霍姆林斯基的教育遗产经受得住历史的考验。在苏联解体前夕围绕"合作教育学"展开的教育大辩论中，论战的双方都承认，苏霍姆林斯基的教育遗产中包含了一部深刻而完整的"合作教育学"。苏霍姆林斯基的教育遗产早已传播至西方各国，并引起那里同行的极大兴趣；设在德国马堡的国际苏霍姆林斯基研究

---

* 原为《育人三部曲》（人民教育出版社1998年版）"译者的话"。

会曾举办过多届年会,旨在研讨和推广这位教育家的育人之方。为何这位教育家的遗产具有如此的生命力?盖因它提出并解决着当代世界教育中普遍存在的棘手问题;也因它系实际经验的总结,具体而不空泛,富于操作性,应用性强。

如今正值我国教育界大力推行变"应试教育"为"素质教育"之际,迫切需要利用国内外一切可供利用的教育资源。"检索"了世界教育资源库之后,可以毫不夸张地说,苏霍姆林斯基的教育遗产堪称其中最全面、最丰富、最适用者。因此,为了我国更有效地变"应试教育"为"素质教育",切不可放过苏霍姆林斯基的那座论"全面发展"、促"和谐教育"的教育宝库。

非常巧合的是,正当我们欲深挖该宝库之时,苏霍姆林斯基的《育人三部曲》问世了。这位教育家的女儿奥·苏霍姆林斯卡娅(现为乌克兰教育科学院院士)为这部著作撰写了"编者序"。此《育人三部曲》由苏霍姆林斯基的三部名著构成:一是《把整个心灵献给孩子》——它涉及的是小学儿童阶段的乐学生活;二是《公民的诞生》——它涉及的是中学少年阶段的和谐发展;三是《给儿子的信》——它涉及的是大学青年阶段的成才修养。这里的"三部曲",也可称作"三部作",但称"曲"更切题。因为苏霍姆林斯基的教育创作,具有浓烈的诗情、画意、乐韵,他把现实主义与浪漫主义融成一曲一曲的教育乐章,描绘着学生从小学、中学到大学三大阶段的成才历程。毫无疑问,此《育人三部曲》是苏霍姆林斯基教育遗产的精华,其中提出的问题和解决的矛盾,正好切中我国当前变"应试教育"为"素质教育"的要害。

此《育人三部曲》中的每一部，早已在我国有了中译本。鉴于奥·苏霍姆林斯卡娅对每一部都略作了增删，然后把它们辑成一体，这样辑成的"三部曲"就更具精品价值了。另外，辑成一体的"三部曲"，犹如一个完整的系统；而从系统论的观点看，系统整体的效能定然大于各单一成分相加之和。

为了准确、有效地发挥《育人三部曲》的功能，我们对其中的每一部都根据增删后的原文做了精心校译。《把整个心灵献给孩子》由毕淑芝、赵玮、唐其慈、王义高译出；《公民的诞生》由肖甦、诸惠芳译出；《给儿子的信》由叶玉华译出。当然，此次译文也难免有缺点和错误，诚望同行不吝赐教。

为了与读者共同探秘，以求更好地借鉴苏霍姆林斯基的教育遗产，来促进我国的素质教育，培养德、智、体、美、劳全面发展的公民，下面先来抛砖引玉，发表译者的点滴学习体会。

苏霍姆林斯基作为教育实践家和教育理论家，从教35年（1935—1970年），研究过种种教育难题，积累了丰富的教育经验，留下了影响深远的教育遗产。其中，全面和谐发展的教育理论和公民教育理论及其实际施教模式，对于我国学校的"素质教育"极有借鉴意义。

一、全面和谐发展的教育理论及其实际施教模式

苏霍姆林斯基的贡献之一在于，他对众所周知的、一般理解的"全面发展"理论，补充了一些新思想。

首先，他把"和谐教育"概念纳入了"全面发展"理论之中。

他的"和谐教育"意味着：一是处理好认识世界（即理论学习）与改造世界（即实践活动）这两者的关系，使之处于相互促进的和谐之中；二是处理好各个表现领域的和谐关系，使每个学生在其天赋所在的一切领域中（而不只限于学习中），充分表现自己并且出类超群；三是使学生因某事取得成功而带来的自尊、自信、自豪感，转移到其他事情上去并取得同样的成功。总之，要找到每个学生身上的"金矿脉""闪光点"，使他产生一股情感动力，并发生情感转移，让每个学生"抬起头来走路"，确认自己是"大写的我"，以此找到并打开全面发展的突破口，从而推动学生的全面发展。

其次，苏霍姆林斯基把"精神生活"范畴补充进了"全面发展"理论之中。他所说的"精神生活"意味着：使学生在德、智、体、美、劳诸多方面积极向上的需求和兴趣，能够在其积极活动中得以形成、满足和发展，使其特有的天赋才能有机会充分显露和发挥。他认为，学生充实的精神生活和丰富的内心世界是其全面发展的一个极重要的标志。他指出，在学校里，不能只有听课、作业、考试而没有精神生活，也不能只有纯体力劳动而缺乏智力因素和精神生活。

再次，苏霍姆林斯基用德、智、体、美、劳"相互渗透"说丰富了全面发展理论。他所说的"相互渗透"，就是你中有我，我中有你，相互交织，彼此促进。例如，德育中有智育，智育中有德育，劳动教育中有德、智、体、美各育，等等。他认为并证实：渗透式的教育才有利于全面发展并且效率高；单打一的教育不仅效率低，而且导致片面发展。苏霍姆林斯基的这些新颖思想对克服我国学校的"应试教育"的片面性，促进"素质教育"的全面性，保证"全面发展"的高效性，极有理论借鉴意义。

苏霍姆林斯基不仅把"和谐教育"说、"精神生活"说和"相互渗透"说引进"全面发展"理论之中，而且实际构建了一个体现这些学说的施教模式，这是一个为"全面发展"的教育服务的模式。这个模式拥有一个复杂的结构系统，其中起骨架作用的是如下三个子系统。

1. 由学校、家庭、社会构成的整体施教系统。苏霍姆林斯基认为，由这三者构成的整体系统中，学校是其中起"指挥作用"的主导机构，它引导家庭、社会按照学校的教育意图和计划，完成各自无可取代的特殊教育任务。为了调动家庭的积极作用，苏霍姆林斯基成功地开办了"家长学校"，授以"父母教育学"。为了调动社会方面的教育积极性，苏霍姆林斯基把学校与村镇、学校与工厂、师生与居民的关系搞得亲密无间，使学校成为社会精神文明的建设者，社会成为学校全部教育活动的参与者、大环境、支持者。

2. 由空间、时间、爱好构成的创造活动系统。苏霍姆林斯基的独到做法是：他为了保证学生的活动空间，建立了数目众多、种类多样的课外活动小组；为了保证学生的活动时间，建立了下午让学生自由支配的制度。此外，他还引导学生在此空间和时间内突出三项爱好：最喜爱的学科、最喜爱的读物、最喜爱的劳动创造项目。如此周密安排的活动空间、活动时间、活动内容，构成了真正令学生如醉如痴地各从其事的创造系统。苏霍姆林斯基向同行们证明：只要引导学生做他们最喜爱的事情，也就找到了全面发展的突破口。

3. 由教师的主导作用、学生的主体地位构成的师生合作关系系统。上述创造活动系统，决定了师生关系系统必然具备这样的特点：既充分发挥教师的主导作用，又充分保证学生的主体地位，使二者协调一致、亲密合作，也就是达到教育与自我教育的和谐统一。苏霍姆林斯基的实践证明，通过教师的主导作用，能把学生引向"突破口"，导入自我教育，走上全面发展的轨道；通过学生的主体地位，则能自主自律地、不用督促地、如醉如痴地沿着创造性的、全面发展的道路迅速成长。

苏霍姆林斯基以整体施教系统、创造活动系统、合作关系系统为骨架，建构了一个唯他独有的实际施教模式，从而丰富了"全面发展"的教育实践。

二、"公民教育"的理论及其实践遗产

在苏霍姆林斯基的教育思想宝库中，除"全面发展"的理论及其实践遗产之外，"公民教育"的理论及其实践遗产也十分重要。而这份遗产也直接地切合我国学生的素质教育和精神文明教育。

在苏霍姆林斯基心目中，小学生就是一个小公民。对作为社会主义国家的小公民，就要按其年龄和心理特点，循序渐进地培养他应有的公民品质。苏霍姆林斯基最注重的公民品质是：有共产主义理想；热爱社会主义祖国；热爱劳动和劳动人民；有自觉的社会公德；有集体主义精神；有较高的科学文化素质。在苏霍姆林斯基看来，所有这些品质就构成了公民的精神文明素质。

1. 关于共产主义理想教育。苏霍姆林斯基认定，具有共产主义理想，是社会主义公民精神文明的首要特征。他指出，共产主义思想，是激发儿童和青少年不断产生崇高的、纯洁的、美好的愿望的源泉。如果学生从内心认识到共产主义的崇高目的，那么，他就会为社会的利益而投身于生活。

在共产主义理想教育中，苏霍姆林斯基反对教条地灌输空洞口号和词句，主张根据儿童和青少年的年龄层次和心理差别，采取学生能够接受的、丰富多样的、潜移默化的形式，包括口头语言、文字暗示（如童话、寓言等）、实际活动、劳动锻炼、参观访问、跟踪寻找革命史迹等形式，力求震撼学生心灵，升华共产主义意识，取得实际成效。

2. 关于热爱社会主义祖国的教育。苏霍姆林斯基把热爱社会主义祖国列为公民教育的重要内容。他撰写的《胸怀祖国》一书，全面深入地阐发了这方面教育的理论与实践问题。其中最有启发意义的是，他教育学生热爱社会主义祖国，也如教育学生树立共产主义理想一样，不是凭教条灌输，而是由近及远，由浅入深，做潜移默化的工作。例如，他首先教育学生热爱自己的母亲。热爱母亲从何入手？那就是，让孩子了解和体贴母亲的忧伤和难处；力所能及地分担母亲的家务琐事；在宅旁园地栽植"母亲树"，第一批果实献给母亲品尝；以优秀的在校表现让母亲满意、高兴、自豪；等等。由此扩而广之，为爷爷、奶奶、父亲、兄弟、姐妹献出爱心，付出爱行。再扩而广之，为学校、为家乡献出爱心，付出辛劳，做出贡献，如栽种花草树木，打扫庭院，美化周围环境。在此基础上，继续扩而广之，为家乡父老乡亲，尤其是孤老病残乡亲，献出爱心，施以善行。再下一步，为素不相识的路遇同胞，献出爱心，做出善举，等等。苏霍姆林斯基断言，如果一个孩子连自己的母亲都不爱，他会爱自己的祖国吗？爱出于奉献，奉献中生出情感美。在帕夫雷什中学的显要处所展有"伟大母亲"的众多画像，这样做的意图，就是让"墙壁也说话"，即也起教导作用。苏霍姆林斯基就是这样，从热爱父母亲人、热爱家乡的一草一木做起，引导学生达到热爱社会主义祖国这一最高目标。

3. 关于热爱劳动和劳动人民的教育。苏霍姆林斯基把"不劳动者不得食"的基本原则贯穿在劳动教育过程中。他为自己的帕夫雷什中学建立了一个完整的劳动教育体系，包括劳动教育的原则、劳动教育的类别、劳动教育的物质基础、劳动教育的组织形式、劳动教育的方法。他按"相互渗透"论来安排劳动教育，旨在完成多项功能：通过劳动教育，培养学生热爱劳动和劳动人民，推动德、智、体、美、劳全面发展，发掘学生的天赋才能，促进学生适应科技革命和现代化生产需要的职业定向。

劳动首先用于培养"善良心地"这一奠基性品质。苏霍姆林斯基确证：如果儿童懂得为别人的幸福和欢乐而付出劳动，并为此而流了汗，手上磨出了老茧，那么他的心地就会变得善良、敏感、温柔；只有通过劳动，一个人才会以热忱的心去待人接物；经历过劳动的孩子比起没有劳动过的孩子来，在对待周围人的态度上是完全不同的。如果一个孩子把享受父母创造的幸福作为自己快乐的唯一源泉，而不通过亲手劳动、克服困难去享得快乐，那么他在家里和上学之后都会是一个无情无义的人,从而造成"再教育"的难题,甚至导致青少年走上犯罪道路。他还调查证实,100起16—24岁的年轻人犯罪案例中,有88起是脱离劳动所致。

苏霍姆林斯基证实,一个学生如果不能亲身体会到依靠自己的亲手劳动为自己提供吃穿是人生最重要的因素,就不可能真正培养出热爱劳动的品质和热爱劳动人民的思想感情。因此,他在自己的学校里确立了一个良好的传统:学生从10岁开始,就得靠自己的劳动去挣得买教科书和学习用品的费用;在12—14岁时,就得靠自己的劳动所得去购买冬季衣着;在15—17岁时,就得靠自己的劳动收入去解决全年的衣履费用。苏霍姆林斯基强调,劳动只有成为经济上的需要时,才具有教育力量。

4. 关于社会公德教育。20世纪50—60年代是科学技术迅猛发展的年代,也是苏霍姆林斯基在教育上建功立业的年代。根据这一时代特征,他强调指出,智慧、科技赋予人类支配自然力的偌大权力,以至于一个人可能决定成千上万人的命运,而且这并不是在某起重大事件中,而是在日常的劳动中,例如在水电站、核电站、矿井、铁路枢纽调度室这些平凡的劳动岗位上,一个人要有高度的义务感和责任心,否则会殃及千百万人的性命。因此,自律和公德的培养是学校义不容辞的重大任务。

为了培养学生的自律和公德素质,苏霍姆林斯基把"同情人、关心人"视为奠基性品质。他认为,孩子在童年时期对人的苦难、不幸、烦恼和孤单特别敏感。此时培养他们这方面的品质最为有效。从小引导孩子为他人付出,是培养他同情人、关心人的重要途径。

苏霍姆林斯基指出，有些教育工作者和家长的失误就在于，他们离开人与人之间的关系，离开人对人的责任来培养儿童的高尚公德。这样做的结果，最多只能培养出口唱高调的伪君子。他认为不可想象，一个对父母、同学、朋友以及任何萍水相逢同胞的处境都漠不关心的孩子，一个根本不善于从别人眼神中察觉出其心境的孩子，会成为一个真正心地善良的人。教育者要善于对孩子进行"情感教育"，教会孩子在日常生活中体察他人的痛苦与忧愁，并由衷地给人以帮助。这就是为什么在苏霍姆林斯基的学校里，从儿童入学开始，甚至在预备班里，就引导孩子参加各种关心人的活动：关心附近的孤独老人，关心战争中牺牲了丈夫和儿女的母亲，帮助同学家中患病的亲人，帮助学习上有困难的同学，等等。苏霍姆林斯基坚信，只有这样，才能使儿童把同情和关心他人变为自己内心的需要。

5. 关于集体主义教育。在苏霍姆林斯基看来，集体主义精神是社会主义国家公民的必备品质，这种品质必须从小就开始培养，学校对此发挥着重大作用。关键问题是怎样培养集体主义精神。苏霍姆林斯基的经验证明，集体主义精神只能靠集体本身来培养。

苏霍姆林斯基有一个独到的观点，即集体不仅是一个有组织从属关系、有领导与被领导关系的群体，而且是由在需要、兴趣、智力、思想、道德、社交、创造力、审美观等方面既有共性又有个性的人们所组成的精神上的统一体。

苏霍姆林斯基的另一个独到观点是，集体意味着其成员各有个性，缺乏其成员的鲜明个性就谈不上集体。他指出，如果一个集体里找不到思想丰富、各有爱好的不同类型的人，这个集体就没有吸引力。因此，苏霍姆林斯基总是尽量创造条件，激发丰富多彩的精神生活，让每个学生都能在集体中充分发挥自己的主动性、独立性、创造性，为同学们提供些什么，包括能影响别人的道德、智力、审美、劳动、健康等诸方面的财富，为充实集体生活做出自己的贡献。苏霍姆林斯基相信，无任何才能的人（学生）是不存在的。教育者的责任是帮助每个人找到与自己的能力相宜的事情，使他在集体面前展现自己的才能。这既是因材施教的要领，也是个别教育与集体教育相统一的要领。

此外，苏霍姆林斯基要求校内集体成员走出小圈子，直接参与社会、公民活动，以求既改造和丰富客观世界，又改造和丰富集体成员的主观世界。

再有，苏霍姆林斯基注重在集体中培养"良心约束"能力，使每个人能用别人的眼光看自己，从而理解什么是可以做的，什么是不可以做的，以及什么是必须做的，也就是培养自律能力和责任心。

最后，苏霍姆林斯基强调，必须提倡、引导、扶植能为公众造福的兴趣和需要，防止单纯为了消遣作乐的兴趣和需要，否则就会导致集体成员的精神贫乏和空虚。

6. 关于科学文化素质的教育。苏霍姆林斯基既重视教育在促进科技进步方面的使命，又重视教育在培养全面发展的人方面的使命。不过苏霍姆林斯基还敏锐地洞察到一个问题，即人与科技二者的权重关系问题。如前所述，20世纪50—60年代苏联普遍流行的说法是，当今是"科技时代""数学时代""电子世纪""核子世纪"；苏霍姆林斯基则提出当今首先是"人的时代""人的世纪",既要重视学生在科技素质方面的教育,更要重视学生在人文素质方面的教育。苏霍姆林斯基的这种远见卓识不能不令人佩服。

为此,苏霍姆林斯基为学生设计了一个合乎上述双重使命的智育体系。这个体系具备两大特点:一是充分反映了当今时代对人的全面要求,旨在通过智育形成学生的科学世界观,养成他们强烈的求知欲,开发他们的思维能力和创造性,发掘每个人独特的天赋才能,授予他们牢固而基本的科学文化知识和技能,培养精神丰富的、全面和谐发展的文明公民;二是坚持辩证唯物主义的系统论,把智育纳入德、智、体、美、劳全面发展这个总体的、完整的施教系统之中,统筹兼顾地处理智育与其他各育的相互渗透关系,以及智育这个相对独立的子系统内部的各种矛盾、关系。

其中,苏霍姆林斯基正确地处理了知识与智力的关系。他指出,智育是在获取知识的过程中进行的,但又不能仅仅归结为一定知识量的积累。知识水平与智力水平之间不能画等号,尽管后者有赖于前者。那么两者的关系是什么呢?这就涉及一个极重要的问题,也是当时苏联教育界争论最激烈的问题,即教学与一般发展的关系。苏霍姆林斯基对此的观点是:教学的目的在于使掌握知识的过程保证最佳水平的一般发展,而在教学过程中达到的一般发展又反过来促进更顺利地掌握知识。智育的主要目的就是开发智力,最完善的教学乃是开发智力的教学。

在重视开发智力的同时,苏霍姆林斯基十分强调形成科学世界观的意义。他指出,世界观的形成是智育的核心。这种世界观建立在科学知识的基础上，但又不是自发产生的。苏霍姆林斯基用无数事例证实：一个人可以拥有对答如流的知识，然而他可能背离科学世界观，拜倒在宗教世界观及其他非科学世界观的脚下。至于与世界观紧密相关的道德信念和行为，则更可能与所获得的知识和科学真理背道而驰。所以，发挥教学、智育的世界观功能，是一个非同小可的问题，也是他解决得最成功的一个问题。苏霍姆林斯基的高明之处还在于，他立于物质文明和精神文明的高度，立于公民基本素质的高度来看待智育的重要性。

苏霍姆林斯基认为，一个人只有具备了高度的智力素质，才能适应科技革命和现代化生产的需要。他预言，不论是未来的科学家、思想家、艺术家、工程师、技师、医生，还是未来的钳工、车工、农机手、拖拉机手，乃至泥瓦匠、炊事员，都应具备一个共同特点，就是以智慧和创造性在劳动中起主导作用。他们都应当善于创造性地思考，应当是富于智慧的人。他还认为，在现代，英雄主义要求人们不仅有劳动热情、要顽强、勤奋，而且要善于劳动，有高度的文化，把握先进的技术，有创新精神。因此他认定，通向科学的道路始于基础教育。学校的任务之一，就是培养学生爱知识、爱书籍、爱科学；教育工作中应尽可能鲜明地反映科学正在变为直接生产力这一趋势。显然，这里涉及的都是物质文明问题。

同时苏霍姆林斯基认为，人之所以需要智育，还在于确立个人和整个社会的精神文明。他断言，就个人来讲，在当今时代，没有良好的教养，没有渊博的知识，没有高水平的智力素质和多方面的智力兴趣，要提升到道德尊严的高度是不可思议的。人们需要智育，不应仅仅是为了应付狭隘的就业劳动，也不应仅仅是为了上大学，而首先是为了充实的精神生活。智慧应当使人享受文化财富和美学珍品带来的幸福，而一个人若不具备中等以上的教养，未经过中等以上的智力训练，他就不可能接触智力财富，也永远不可能成为一个幸福的人。对社会来说，没有其成员高度的知识和智力素养，不论是生产劳动、人们关系的起码文明，还是公民职责的履行，都是不可能的。不学无术和智力不开化的人，不仅其本人不可能是幸福的，而且会殃及他人和整个社会。因此，学校不应让任何一个未受过智力训练的人进入社会生活。

可见，苏霍姆林斯基的科学文化素质教育观具有鲜明的时代特征。

概括苏霍姆林斯基的"公民教育"理论与实践，可以这么说：在内涵上，它包括公民的思想品德素质教育，也包括科学文化素质教育；在特点上，它继承了传统教育学的某些经典原理，又吸收了民间教育学的不少精华成分，更独创了大量反映当代社会、经济、文化、科技特征的新颖思想。他的这种兼含思想品德素质和科学文化素质两方面内容，并具有继承、吸收、独创三方面特点的公民教育遗产，作为国内外诸多教育资源之一，为我国素质教育和精神文明教育提供了借鉴的极大可能性。

目　录

第一封信 /1
第二封信 /7
第三封信 /11
第四封信 /19
第五封信 /25
第六封信 /31
第七封信 /35
第八封信 /41
第九封信 /45
第十封信 /49
第十一封信 /57
第十二封信 /61
第十三封信 /65

第十四封信 /69

第十五封信 /77

第十六封信 /81

第十七封信 /87

第十八封信 /93

第十九封信 /99

第二十封信 /111

第二十一封信 /117

第二十二封信 /123

第一封信

亲爱的儿子：

你好！

你终于像小鸟一样飞出了巢穴，在大城市居住，在大学里读书，也许觉得自己已经是一个独立的人了。根据我的经验，可以肯定，此时此刻的你，正在被急剧变化的新生活所吸引，很少想家，想念我和你的妈妈，大概不会感到寂寞。当你逐渐认识生活之时，或者在稍晚一些时候，那时，思念亲人的感觉就会油然而生。

这是我写给远离家乡的你的第一封信，希望你把它保存下来，终生留在身边，反复地阅读，认真地加以思考。我和你母亲都知道，现在的年轻人对父母的教导总是表现出一种不以为然的态度。他们往往认为，老年人看不见，也不理解年轻人所看见和理解的东西。也许事情果真如此……也许你读了这封信以后，信手将它扔到随便什么地方，让你少想起父母的那些喋喋不休的说教。那有什么办法呢，你尽管扔好了，但是我只要求你好好记住，信扔到什么地方去了，因为总有一天，你会想起这些教诲。那时候你会告诉自己：父亲毕竟是对的……于是你感到有必要重读一下这封被你忘怀的尘封旧信，找到它并且从头至尾再读上一遍。因此，我劝你好好地将信保留一生吧。

父亲给我的第一封信，我也是一直保存着。我离开父母身边的那年只有15岁，考到克列明楚格师范学院学习。那是艰难的1934年。我至今还记得母亲送我去参加入学考试的情景。用一个旧的但很干净的包袱皮，包上从箱子底找出来的新的粗麻布衣，再带上一个干粮袋，里面装着几块饼和两瓶炒热的豆……

入学考试我考得不错。那时候中学应届毕业生很少，所以允许招收一些七年制学校毕业生进大学学习。于是我的学习生涯就这样开始了。当一个人的肚皮还填不饱的时候，要掌握知识，那真是很难很难啊！然而不久，新粮打下来了。我在任何时候都不会忘记那一天，妈妈请人捎给我的用新打下来的黑麦烤的第一个圆面包。那是请一位叫马特维的老爷爷转交给我的，他是农村供销社的马车夫，每个星期都要进城去拉货。圆面包放在一个干净的亚麻布的口袋里，软绵绵，香喷喷，上面有一层松脆的面包皮。就在面包的旁边放着父亲的信，这就是我在这里向你提及的父亲写给我的第一封信。我把它作为第一个座右铭，一直保留在我身边……信中写道："儿子，你不要忘了，面包这个最起码的生活资料。我不相信上帝，但是我说面包是神圣的。愿面包的神圣永远伴随你一生吧！你要记住，你是什么人，是从哪里来的。要知道，获得这几片面包是多么来之不易!不要忘记,你的爷爷,我的父亲奥梅里柯·苏霍姆林是一个农奴,他是手扶着犁把死在庄稼地里的。任何时候都不要忘本,不要忘记,此时此刻当你学习的时候,有人正在劳动,正在为你提供生活资料。即使你学完了,当上了老师,也不能忘记这块面包。面包——这是人类的劳动,是未来的希望,它永远是衡量你和你的子女们的良心的一个尺度。"

这就是父亲在第一封信里写给我的话。另外还附上几句话,说家里领到了按劳动日分配的黑麦和小麦,以后每星期都将请马特维爷爷给我捎面包去。

我的儿子,为什么我要把这些事写给你呢?不要忘了,我们的根就是劳动的人民,是土地,是神圣的粮食。那些对粮食,对劳动,对哺育我们的人民表示轻蔑的人,哪怕是一个念头、一句话和一个行动,都应当受到诅咒……

在我们的语言中有成千上万个词语,但是我认为应当把三个词放在第一位,这就是:粮食、劳动和人民。这是支撑我们国家的三根支柱,是我们这个制度的本质所在。这三根支柱如此牢固地彼此结合在一起,既不能将它们割断,也不能把它们分开。如果有人不知道粮食和人民的意义,那么他就不再是人民自己的儿子。如果谁丧失了人民的优秀的精神品质,那么谁就会成为脱离集体的人,不值得尊敬的、失去个性的人。谁忘记了什么是劳动、汗水和疲劳,谁就不会懂得爱惜粮食。如果有人损害这三根支柱中的任何一根,那么他就不能成为真正的人,他的内心就会出现霉菌和蛀孔。

你正在认识农田劳动的辛苦甘甜,了解粮食的来之不易,我为此感到自豪。你是否还记得，有一年的五一节前夕，我到你们班上去（当时好像你正在念九年级）转达集体农庄机械师的一个请求：在节日期间请同学们到大田里去替一下班，农机师们需要休息一下。你现在还记得吧，当时你们所有的年轻人都不想去，你们是那么不情愿地脱下节日的盛装，换上工人的连衫裤，坐到拖拉机驾驶盘的旁边，做一名拖车联结员！但是，当两天的劳动结束以后，你回到家中，感到自己成为一名劳动者的时候，你的双眼闪耀着自豪的光彩！

  我不相信那种权且称为巧克力式的共产主义。说什么一切物质财富都极为丰富，所有的人都能得到充分的供应，似乎只要一挥手就什么都有了，任何东西都可以轻而易举地获得。你想得到这个吗？它已经给你摆在桌子上，一切都随心所欲。假如所有这一切真的是这样，那么，鬼才知道，人会变成什么样子，也许会变成活腻了的动物吧。幸亏这种情况不会发生。人没有紧张，没有努力，不想流汗，不想付出辛劳，不经过焦急与不安，是什么也得不到的。即使到了共产主义，也得把手磨出茧子，也得有许许多多不眠的夜晚。而最主要的，人们永远保持的是他的智慧、良心和人的尊严。人们将永远依靠自己的辛勤劳动获得食物。耕作的土地上永远是一片繁忙，细心地呵护那些牲畜和娇嫩的麦苗。人们将永远企盼，让土地打出越来越多的粮食，人的食粮的根本永远建立在这个基础上。

  对这个根本，每个人都应该加以珍惜。你来信说，不久你将要被派到农庄去参加劳动。这非常好。我为此感到非常非常高兴。你要好好干，不要有负于你自己，也不要辜负了我和同志们。干活时不要挑肥拣瘦，你要选择直接在大田里，在土地上干的活儿。铁锹也是一种工具，用它可以大显身手。

暑假的时候，你将可以到我们自己农庄的拖拉机队去劳动（当然，那是在不招募志愿垦荒队员的情况下。如果招募的话，你一定去那儿报到）。

你大概知道我们乌克兰的这句谚语："看见麦穗就能知道种麦子的那个人。"每个人都为自己能为别人做点事而感到自豪。每个诚实的人都想在自己培育的麦穗上留下自己的点滴血汗。我在这个世界上差不多活了五十年，我坚信，在田地里干活的人的身上，尤其强烈地表现出这种愿望。我和你妈妈都在等待你的第一个大学暑假的到来。我将带你去见一位邻近农庄的老人。他培育苹果树苗已经有三十多年历史了。在自己所干的这一行业中，他可以算是真正名副其实的能工巧匠了。在他所培育的树苗上，每一根树枝上，每一片树叶上都浸透着老人的心血。假如今天所有的人都能像这位老人那样对待劳动，那么可以说，我们达到了共产主义的劳动境界……

祝你健康、美好、幸福！你妈妈和小妹妹拥抱你。昨天，他们已经给你写了信。吻你。

你的父亲

第二封信

亲爱的儿子：

你好！

你从集体农庄寄来的信我已经收到了。这封信让我激动不已，以至于彻夜未眠。我在考虑你写的这封信，也在想你。

一方面，你对那些不善经营的、浪费的事实感到忧虑，这是好的。你在信中说，集体农庄里有一个很好的果园，但是已经有上十吨的苹果被喂了猪，还有三公顷的西红柿没有来得及收获，农庄主席竟然下令，让拖拉机手翻耕了这片作业区，以至于未留下一点痕迹。

但是另一方面，令我感到吃惊的是，你在信中仅仅停留在困惑不解上，而没有再做什么。面对这些令人愤慨的事实只是张皇失措。

结果怎么样呢？你在信中写道："早晨，当我看到这块地被翻过时，我的心差一点儿从胸中蹦出来……"那么后来怎么样呢？你的心到底怎么了？看来，它在逐渐平静下来，并且像往常一样开始平静地跳动了吧？那么，你的那些同学的心呢？恐怕谁也没有从胸膛中跳出来吧？

我想，这不好，很不好。你也许还记得，我给你讲过的关于塔列兰的事。塔列兰是一个厚颜无耻、老奸巨猾的政客。他教训青年人：要对心灵中最初的一闪念感到惧怕，因为这个最初的一闪念通常是善良的。而我们，共产党人对青年人的教导和他截然不同，我们教育青年人不要扑灭自己心灵的第一次冲动，因为，它们是最高尚的、最美的。你去按照自己内心最初所提醒你的那样去做吧。压抑自己良心的声音，这是件非常危险的事情。假如你养成一种对某件事情漠不关心的习惯，那么你很快就会对所有事情冷漠无情。不要做违背良心的事情，只有这样，才能锻炼你的性格。

你把摘自《死魂灵》中的一段话记到自己的笔记本上："当你告别温柔的青春年华，踏上人生旅途的时候，你要鼓起敢于面对严峻、冷酷事实的勇敢精神，你要掌握人的一切内心活动，不要把它留在路旁，不要等到以后再回过头来去捡拾！"对于一个人来说，最可怕的是，变成一个睁着眼睛睡觉的人，他有眼睛能看，但是却什么也看不见；即使看见了，他也不去思考所看见的东西。他无视善与恶，面对邪恶与虚伪无动于衷。我的儿子，这与死亡相比，与世上最可怕的危险相比，是更为可怕的。

人不能没有信念。人如果没有信仰，不啻一个懦夫，是毫无价值的人。既然你已经确信，在你的面前发生了丑恶的事情，那就让你的心灵为此而呐喊吧,去和邪恶做斗争,让真理获得胜利!你问我:"要阻止邪恶,我能具体地做些什么呢?怎样和邪恶做斗争呢?"我不知道,也不想给你开药方。假如,我处在你的位置,假如我也看到了你和你的同学所看到的那一切,我会知道我应当怎么做。

你十分吃惊地写道,对集体农庄所发生的事情,所有人都熟视无睹,漠不关心。对于你和你的同学来说,这样的情况更糟糕。任何时候都不要害怕表明自己的观点,哪怕你的想法是跟公认的准则相互矛盾的。① 罗丹的这些话你也应该好好记住。假如我处在你的位置上,我会马上和同学们一起去找党组织反映情况,告诉他们:"怎么能这样做呢?如果他们自己没有能力收获西红柿,那么,我们大学生来收。绝不允许糟蹋人类的劳动!"如果找党组织也无结果,那就到区委会去。担负起人民群众监督的责任,真正行动起来。我不相信所有的人对邪恶的事都是那样漠不关心,对问题和不足都是那样熟视无睹。这是不可能的。

现在,你正攀登在精神发展的这样一级阶梯上,那就是人已经不应该仅仅审视其他的人,看他们在做什么,他们怎样做。你应当独立去思考,独立去做出决定。

吻你。

你的父亲

---

① 法国艺术家罗丹写过:"真正的文学家应当是想什么就写什么,不要惧怕和古老的偏见相冲突。"(罗丹艺术出版社,圣彼得堡,1914年,第11页。)

第三封信

亲爱的儿子：

你好！

我非常高兴，因为你在信中能够坦诚地告诉我所有的事情，谈你的想法、疑虑和不安。还有一件使我高兴的事，那就是在艰苦的紧张的劳动日子里，即使你夜里12点休息，早晨5点起床，你仍然还在激动地思考这些问题。你在信中说，如果你起来反对那些不良现象，如果你起来为维护真理而斗争，人们将会以一种异样的眼光看你，把你看成标新立异的人。从你这封信的字里行间，我感觉到你被一种沮丧的情绪、一种无可奈何的感伤情绪所缠绕。在信中你写道："我感到，在我们这里，人们把思想性看作是希冀积累一定的道德资本。我已经不止一次地听到过，人们是用怎样讥讽的口吻去说思想性这个词：'看你的思想性有多强！……'这究竟是怎么一回事？难道我以极其虔诚的心情所信仰的那些有价值的东西，那些令我的心灵激动不已的思想,今天都已失去意义了吗?究竟应该如何理解为理想而生活?"

我的儿子,你为这些问题而焦虑,我认为很好,是件好事。我为你,也为我自己感到十分高兴。因为,你对周围的人说些什么、想些什么反映着你关注的态度。

思想性,理想,这是伟大的、神圣的词。一些人自觉或者不自觉地试图将人类思想的美庸俗化,用市侩的自负和淡漠,用庸人的讥讽去玷污这个纯洁而庄严的词,这是对人本身的玷污。思想性,这是真正的人性。你是不是还记得歌德的话:"任何人,一旦离开思想,最终剩下的只是一堆肉。"① 我还记得,这句话在你的少年时代曾让你那样吃惊,当时你还问我:"那么,换句话说是不是变成动物了呢?"是的,我的儿子,一个人在他的心田里如果没有了思想,那么他就开始接近于动物,这无异于行尸走肉。

要记住,我再一次告诉你,要记住人们为了理想可以赴汤蹈火,可以上断头台,甘愿冒枪林弹雨。布鲁诺只要说出一句话,只要他说放弃自己的观点,他就可以免于一死。然而,他没有说这句话,因为一种崇高的理想在鼓舞着他。在成千上万无知庸人的吼叫和嘲笑声中,他戴着丑角的尖顶帽,穿着画有魔鬼像的长袍去承受严刑拷打。即使在遥远的、黑暗的年代里,在布鲁诺的视野里似乎已经看到一支腾空而起的火箭飞向广袤的天宇,他义无反顾,毫不动摇,他对自己充满崇高理想的信仰感到骄傲。亚历山大·乌里扬诺夫只

---

① 歌德:《格言和思想文集》,圣彼得堡,1903年,第15页。

要给"皇帝陛下"写一封效忠信,沙皇就会宽赦他,然而他没有这样做,他不能这样做。索菲娅·佩罗夫斯卡娅只要说自己没有参与刺杀沙皇的计划,她就会被释放,因为并没有确凿证据证明她是有罪的。但是她不能这样做,因为对她来说,理想比自己的生命更为宝贵,这个理想就是自由,就是消灭暴君。理想能使人勇敢而无所畏惧。

假如我们国家的每一个青年人都生活得充满崇高的理想,假如理想成为每个人良心的捍卫者,那么,我们的社会将会成为一个具有美好的道德和精神的世界。那时候,正如高尔基所向往的,每个人在别人面前都将像星星一样闪耀着光彩。[①] 但是,这一时刻不会自己来临。为了这一天必须为之奋斗。摆在我们面前最困难的事情在于,包括我,包括你和你的孩子们,必须用崇高的共产主义思想去教育和鼓舞人们。

我的儿子,这种共产主义思想比世界上任何东西都美好。我看过一本很薄的书,书名是《献给暴风雨的心》,现在把它寄给你。这是伊朗共产党领导人霍斯罗夫·鲁兹贝赫在法庭上的一篇演讲。他的整个一生都是富有教育意义的。而对于那些希望了解和认识共产主义理想的美好和真正内涵的青年人来说,可以这样形象地讲,他的一生是饱含思想性的基本教材。霍斯罗夫·鲁兹贝赫本来是一位天才的学者和数学家,他写过许多种科学著作,在他的面前展现着如花似锦的前程。但是为了祖国摆脱暴政和压迫的斗争鼓舞着

---

① 《高尔基全集》第 8 卷,莫斯科,科学出版社,1970 年,第 127 页。

他，他加入了共产党，多年从事地下斗争。由于叛徒的出卖，他被捕了，并受到审判。死刑威胁着他。如果鲁兹贝赫请求宽恕，法庭是会赦免他的死刑的。然而，这位共产党员清楚，在白色恐怖笼罩全国的残酷环境中，他的免于一死，将会被同志们看成是一种背叛行为，并且会被同志们诅咒为可耻的叛徒。下面就是他说的最后的几句话。

"死亡总是不愉快的，特别是对于那些心灵中对光明和美好充满无限希望的人们，更是如此。然而，在真理与邪恶之间苟且偷生，对于一个真正的人来说是不足取的。在人的生命的旅程中，任何时候都不应当失去自己的基本目标。假如生命需要用耻辱和羞愧作代价去换取，为生命要丧失人格，放弃自己的理想、信仰和追求，改变自己的政治观点和社会观点，那么宁可去死也要比这些清白得多，比这些崇高千百倍。我为自己选择了这条路，我将沿着这条路一直走到底……我从来不认为自己是应当受到惩罚和犯有死罪的人。但是，我做人的尊严正处于危机之中，我在这里郑重要求，尊敬的法官大人给我判处死刑吧。我之所以提出这样的要求，是为了分享我那些已经牺牲的朋友们的光荣，也是为了蔑视那些威胁我的名誉的指控。无论是我，还是我的那些因从事政治活动而受到审判的同志们都不是罪人，相反，我们都是我们亲爱的祖国的公仆。我相信，公正、诚实的伊朗人民一定会认为这次对我们的判决是专断的，并且最后将证明自己的具有献身精神的儿子是无辜的。你们可以给霍斯罗夫·鲁兹贝赫定罪，但是，你们却不能审判善良的人性、正直、爱国主义、人道主义和奋不顾身的精神。"①

你要记住这些话，我的儿子，让它们成为照耀你生活的火花吧！

有些人对理想、思想性等词加以讽刺挖苦，他们把追求理想的勇敢精神当成是为个人追求功名利禄。对这种人的内心活动，我是十分了解的。这些人的精神生活极其贫乏空虚，他们不知道高尚的精神生活的真正含义，不了解什么是真正的幸福。他们认为，受思想的鼓舞就意味着成为思想的奴隶。（这种看法并不是今天才产生的，它是很早以来从一个历史时期传到另一个历史时期的。）照他们看来，一个有思想的人，就不再作为有个性的人而存在，变成了流行的思想。这是多么可怜而又可悲的事啊！人只有依靠思想才能具有自己的个性，才能显示出人的创造性，才能成为为某种事业而奋斗的真正的战士。人不可以没有理想，人应当成为充满崇高理想的巨大力量。

我们这个州有一位优秀教师，他是我的朋友，名叫伊万·古里耶维奇·特卡琴科。他是波格丹诺夫斯克中学的校长（你大概还记得，他曾经来过咱们家几次），在伟大的卫国战争期间，他参加了游击队，在离兹纳缅卡市不远的黑色森林里和法西斯强盗打仗。不久以前，他向我讲述了一个激动人心的故事。联系到你对思想和理想产生怀疑这件事，我也应当把这个故事讲给你听听。

---

① 鲁兹贝赫：《献给暴风雨的心》，莫斯科，外国文学出版社，1962年，第172、173、175—176页。

给儿子的信

这是发生在艰苦的战争年代的事，那是1941年的晚秋时节。法西斯的宣传喉舌大喊大叫，说什么红军已经崩溃，莫斯科不久将要陷落。但是，法西斯强盗们这时已经被有关游击队的最初消息吓得失魂落魄。在我们这个州，游击队同样使德国人不得安宁。在离黑色森林不远的一个村子里，人民的复仇者烧毁了敌人司令部的汽车和电台，杀死了三个希特勒匪徒。法西斯匪徒决定暂时不采取镇压该村居民的报复措施。他们决定采取另外一种更为狡诈的像他们的宣传员所说的那种所谓"心理上的震慑"的办法。他们在村子的中心地方竖起了一个很大的绞刑架。上面钉着一个用德语和乌克兰语两种文字写的布告牌："如果在村子里哪怕出现一个游击队员，如果德国士兵因被游击队员刺伤哪怕流出一滴血，如果谁要是有一句为游击队的抵抗行为辩解或支持的话，那么，就将在这个绞刑架上处死最先抓来的10个居民。"于是，法西斯匪徒把全村的人都赶到这个绞架旁边，向他们解释这道命令。这时，来了一个法西斯少校，他向农民说："你们的红军不存在了，苏联不存在了，所有的苏联国土都要属于德国边防军。"农民们垂头丧气地站在那里。就在这时，人群中走出一个二十多岁的小伙子，向这个德军少校大声喊道："不要相信法西斯强盗，红军还在，苏维埃政权还在，莫斯科永远屹立在那里，我是游击队的侦察兵。"

法西斯强盗被眼前这位英雄的大无畏精神吓得目瞪口呆，在最初的一瞬间竟然不知所措。小伙子说完了那些义愤填膺的话，从绒衣的袖口里掏出手枪对准德军少校开了一枪。等这帮法西斯匪徒清醒过来时，那个少校已经僵死在地上。小伙子被抓住捆绑了起来，最后被判处了死刑。临刑前,穿绒衣的这个小伙子和一个游击队员一起被关在一个囚室里,以后这个游击队员得以从监狱逃跑出去。后来,从这个人的嘴里知道了一些有关这位英雄的情况。小伙子说:"我不是游击队员。我是一个被希特勒分子俘虏的苏军战士,因受了伤,被德寇抓去当了俘虏。后来跑了出来。在偶然之中,我跑到了这个村子,希特勒分子正驱赶农民去听训。当那个德军少校说我们的军队垮了,说什么莫斯科即将陷落。我看到农民们一张张沮丧的面孔,我的心再也忍耐不住了。我知道,这样做会导致死亡,但是我没有别的选择。我的话将会在人们的心里点燃起对我们祖国必胜信心的火花。敌人将会把我吊死在那里,就在那个村庄,在那个绞刑架上。他们还会把所有的农民召集来。死亡对于我将是最艰巨的考验。不管怎么说,死亡都是可怕的。再过几分钟,我就要从这个世界上消失了,想起来很可怕。我要在人们的面前经受住这个考验。必胜的信念支持着我。这个信念使我永生。"

他光荣地经受住了考验。在刽子手把绞绳套上他的脖子之前,他大声喊道:"同胞们,不要向刽子手低头。绞架是无法吊死自由的。我为了祖国而献身。"

珍视理想的人,必然珍视自己的尊严。马克思认为,共产主义思想"则是一种不撕裂自己的心就不能从其中挣脱出来的枷锁"。我相信,你一定会成长为一个真正的人。我们理想中的伟大真理将和你的心融为一体。你要记住,人的一生并不总是一帆风顺和美好的。你会遇到不少丑恶的、肮脏的事情。应当善于把这些东西和共产主义的伟大真理加以对照和区别。没有人的激情的思想性就会变成虚情假意。在我们的社会中，颇有一些"维护正义的斗士""真理的探索者"，他们不反对去"揭露"邪恶，但是他们认为还是让警察去和这些现象做斗争吧。这些蛊惑者，这些光说不练的人带来许多危害。问题不在于看到邪恶要大声疾呼，而在于制服这些邪恶。有时候需要的不是用嘴说，而是无言的行动。伊利亚·伊利夫和叶夫根尼·彼得罗夫说得非常好，他们说，应当不是为了一尘不染，而是为了打扫干净去斗争。事实上，在我们周围还有很多必须清扫的东西。我相信，在你的人生道路上，有时会碰到垃圾，这将不会使你气馁，也不会使你失望，更不会动摇你对善良的信心。善良必定胜利，但这一胜利的源泉来自人民，来自我们自己。

　　祝你身体好，朝气蓬勃。祝你愉快。

　　拥抱你并吻你。

你的父亲

第四封信

亲爱的儿子：

　　你好！

　　当我得知诸如理想、生活的目的、真理、美等问题正使你激动不已的时候，我是多么高兴啊！很长时间以来我不记得你对上述这些问题有过如此"狂热"的兴趣。我之所以高兴，是因为我的信激发了你一系列的想法。也许，促成你思想活跃的原因是你的面前都是一些新人，每一天你都能了解世界上最为宝贵、最奇妙、最令人惊奇的对象，这就是人。了解人，认识人，也就是重新了解你自己。我发现，我情绪振奋、热情焕发的时刻，正是我走进学校的那些幸福的时日，当我走进坐满学生的教室，对我来说，眼前完全是一些新人。在和他们相处的过程中，我似乎是在"掸掉"自己身上的尘土，在"检验"自己的看法和信念，希望看到自己身上的优点和缺点。

给儿子的信

你在信中写道:"在现在,在我们这个时代,未必能找到一个可以说是理想的人。"从字里行间我还看到一个你弄不清的问题,你问:"一般地说,在我们这个世界上,能不能有完美无缺的、最合乎理想的人呢?"于是,得出一个武断的青年人惯有的看法:"产生理想人物的时代已经过去了……英雄的时代一去不复返了……"

我还记得,在你离家去参加入学考试的前一天晚上,我们两人之间曾有过的一场未完的争论。(你记得吧,我们坐在果园里的梨树下面,当我们辩论最激烈的时候,你妈妈说:"到时候了,再有一小时,火车就到点了。")你一再地坚持自己的观点:理想人物产生的社会环境,是在所有的社会力量分成两个对立面的时候,即一方是善良,另一方是邪恶。拥护什么,反对什么,孰好孰坏,泾渭分明。然而,现在不是这样:为了理想的斗争正融合在日常的平凡的劳动之中。你举了一个例子:一个挤奶女工挤出的牛奶超出计划1 000 升,于是把她当作英雄人物那样去谈论。英雄称号难道就是这样容易获得的吗?对平凡的劳动,况且这种劳动是作为生存条件所尽的一种义务,用功勋这样伟大的辞藻进行褒奖,是不是过分了一些?

在你的这封信里,发展了你的这些思想。这是一个非常复杂而又微妙的问题。特别是关于理想这个问题。首先,应当弄清楚,所谓的理想,完全不意味着一帆风顺,万事亨通。人终归是血肉之躯而非钢筋水泥。我想,你不会否认,保尔·柯察金可称得上是一位当之无愧的英雄吧。但是,你还记得,他在谈论自己时所说的话吗?他说:"我也办了不少错事,有的是由于糊涂,有的是由于年轻幼稚，但是更多的是由于无知。"①英雄本人看到了自己身上的缺点，但是瑕不掩瑜，这些缺点并不能决定这位杰出人物的主要的东西。在他的身上，最主要的东西在于："在革命的红旗上，有他身上的鲜血。"

这就是理想的含义。衡量理想的试金石，就是人的热情，是为真理而奋斗，为革命取得胜利而斗争的豪情壮志。我永远不会忘记欧内斯特·海明威说过的话："人不是为了忍受失败而被创造的……人可以被消灭，但是却不能征服他。"②在海明威说出这些话之前很久，人们已经从保尔·柯察金的口中听到过这样的豪言壮语了，不仅仅是听过这些话，还亲眼看见了他的功绩。

可以设想一下，让那些早已逝去的人，像亚历山大·乌里扬诺夫、斯杰潘·哈尔图林、索菲亚·佩罗夫斯娅……来看看我们今日的生活，今日的平凡劳动，对他们来说，公正的社会制度还是遥远的未来，是美好的、令人向往的梦想。可以想象一下，他们会如何看待我们的生活，观察我们的生活，理解新世界千千万万个建设者的劳动，他们内心深处会有何种感觉，会想些什么，说些什么？他们的心将会因惊异而战栗，他们把我们这个时代本身，我们的整个生活都看作是理想中的事。他们当中的任何一位英雄都会说，这才是我为之献出生命的那种生活。

---

① 尼·奥斯特洛夫斯基：《钢铁是怎样炼成的》，莫斯科，作家出版社，1947年，第325页。
② 《欧内斯特·海明威文集》第4卷，莫斯科，文学出版社，1968年，第275页。

遗憾的是，我们自己并没有意识到这一点，忘记了我们生活在怎样的时代。英雄人物，就在我们中间，就在千百万个"普普通通的"劳动者中间，他们根本没有想过要当什么英雄，假如有人对他们说，你就是英雄，他会感到吃惊。现在，概念本身发生了变化，在我看来，在"普通的人""一般劳动者"这样一些字眼里，似乎包含着对人的某种轻视的意味。人是不简单的。我们这个时代的人就是在田野、在牧场、在车床旁从事劳动的劳动者，他们都是不简单的。

你在信中所谈到的那位挤奶女工，她就称得上是一个理想的人，一位英雄。她虽然没有什么丰功伟绩，但她的全部生活，就是一份功绩。她那沸腾的热血，洒落在革命的红旗上。之所以说她是一位英雄，她的生命就是功勋，就是因为她用自己的劳动使人的精神得到升华。创造物质财富的挤奶女工，她关心的绝不限于物质福利。如果没有这位"普通的""平凡的"挤奶女工的劳动，也就不会有帕赫姆托娃的美妙歌曲，不会有肖斯塔科维奇的交响曲，也不会有苏联科学院安巴尔楚米扬关于超新星说这一大胆学说的产生……也就不会有你上的大学，成千上万的首都居民也不会在这么静谧的夜晚阅读有趣的书，或去听音乐会，或上剧院。这个挤奶女工明白她自己是生活的创造者。理想的实质需要通过许多"普通的""平凡的"人的劳动去体现。

理想的事物，存在于我们的生活之中。你仔细地看看自己的周围，观察一下人们，不要只看表面现象，而要深入到内心世界，你就会看到理想的事物。假如一个人的头上没有闪耀着一颗指路的明星——理想,那他的生活将会是无所事事,终生碌碌无为。

祝福你,我的儿子,祝你身体健康,精神愉快。热烈地吻你。

你的父亲

第五封信

亲爱的儿子:

你好!

你的来信已经收到。你们终于上课了。在信中,你兴奋地谈到学校里的无线电物理学和电子学研究室的充足完善的设备。我很高兴你确定了自己的专业。如果你深信并且生活也将证实,你选择的无线电物理学是你所喜爱的专业,那么你将是一个幸福的人。然而,人的志向不是某个人强加给他的。假如,在中学时代,你不是从二年级就开始钻研收音机示意图,如果不付出劳动,那么你未必能形成这种志向。志向是成为天才的幼苗。经过勤劳的双手的精心培育,在肥沃的土地才能长成粗壮的大树。不付出辛勤劳动,不进行自我教育,志向的幼苗也会连根枯死。

选择好志向,确定志向,这是幸福的源泉。马克·吐温写过一篇很有趣的短篇小说。① 小说中描写在"彼岸",既没有天使,也没有圣徒,更没有那些终日无所事事过着神仙般日子的人。居住在天国的人和居住在罪恶的人世中的人一样,都过着劳动的生活。天国和人世间只有一点区别,那就是在天国每个人都能按自己的志向工作。一个在人世间默默无闻的鞋匠死后成了赫赫有名的统帅。一个在生前平庸无能但擅长书法的将军,死后却甘愿在司令部里做一名小文书。一个好写平庸冗长小说被读者唾弃的作家,死后终于找到最适合于他的职业,做了金属旋工。一个偶然做了一辈子教师,从未给自己和学生带来过欢乐的人,死后竟是一个出色的会计师。

我不止一次地阅读过这部优秀的作品。假如在"此岸",每一个人都能各得其所,各尽其才,该有多么好啊!但是,遗憾的是,往往是事与愿违。我认识许多不称职的专家:农艺师、教师、工程师和演员。像常言所说的那样,他们对自己的工作漠不关心,平庸度日。更令人惋惜的是,这些人不懂得劳动的乐趣,从未感受过劳动给予他们的鼓舞,也从未对劳动产生过迷恋。

什么是生活的最大乐趣?我认为,这种乐趣寓于与艺术相近的创造性劳动之中,寓于熟练的技能之中。如果一个人热爱自己所从事的劳动,那么他就会努力使他的劳动过程和劳动成果中包含某种

---

① 指的是马克·吐温的小说《斯托姆菲尔德船长访问天国》。下面是小说中的一个片段:"在这里像在大地上一样,享乐靠正当的劳动获得。不能够一开始就享乐,而以后获得这个权利。但是在天堂里,与人世间有一个区别:你自己可以为自己找到某种合适的职业,如果你能认真地工作,那么天上的神力就会帮助你取得成就。一个很有诗才的人,他在人世间是个鞋匠,到了天堂,他就不必再去缝鞋了。"

美好的东西。我已经在信中向你谈起过我们的园艺家和林学家叶菲姆·菲利波维奇。像他这样的人，我在一生中只见过十多个。这个人真是了不起。他精通本行业务，我这里没有丝毫夸大之词。他完全可以和斯坦尼斯拉夫斯基、普拉斯拉夫、肖斯塔科维奇、阿列克谢、乌列索夫等人相提并论。我给你谈谈这个人。他像斯坦尼斯拉夫斯基创造形象、普拉斯托夫在画布上创造生活一样，他每天以树为对象，进行雕琢、修整、创造每一棵树。我看到他不止一次地从各个角度观察一株小树，仔细端详，寻找唯一合适的嫁接点。从寻找嫁接点，小树生长出幼芽起，他就开始了伟大的魔术般神奇的劳动。通过他的劳动，他成为本行业值得自豪的创造者、艺术家和诗人。叶菲姆·菲利波维奇创造出树冠的令人惊异的美。要想学会这种技艺，了解这种技艺，就必须和他一起干几年。这是一个认识人、理解美和艺术的过程。日常生活的巨大幸福就寓于这种劳动之中。在劳动中认识其本身的美，这才是真正的劳动。我在几千株3岁小树中常常能找到叶菲姆·菲利波维奇亲手栽种的树。他栽种的树都朝着阳光，树枝修整得均匀整齐，阳光照射在每一片树叶上，互不遮挡。

有一次，我问园艺学家叶菲姆·菲利波维奇："您是怎样做的？"他说："人的智慧就在人的双手上。我从3岁就开始劳动。我建议您也这样教育学生。还不要忘记，每个人都应当成为本门专业的主人。假如我当初去学习当工程师、医生或者教师，我会一事无成。或许只是个挣工资度日的人……"应该使每一个人都燃起他心中的"火花"，只有这样才能培养出真正的人。

人的塑造者——教育工作者能够培养志趣爱好，但是禀赋也起作用。你喜爱巴赫的音乐。大家都知道，约翰·塞巴斯蒂安·巴赫家族共有58位音乐家。他的曾祖父是音乐家，祖父是音乐家，父亲也是音乐家。甚至男婚女嫁也都在家族内部。似乎孩子一出生就确定了以后的职业：或成为作曲家，或成为著名的歌唱家。众所周知，大约有80%的孩子可能成为作曲家，但只有为数不多的几个后来成为作曲家。这是什么原因呢？为什么巴赫家族可以产生58位卓越的音乐家呢？因为这些人自己培养了自己的志向。在这个家族里，音乐使每一个孩子获得生活中最初的印象，音乐旋律成为他们在周围世界中最先感受到的美，音乐是首先引起他们赞叹的东西，他们从音乐的美和音乐的创造之中感悟到人最初的自豪与骄傲。

人是自己志向的主人。你感到做一个无线电物理学家非常幸福，说自己十分热爱无线电物理学，对你的兴奋与喜悦之情，我并没有特别的兴趣。一个人可以热爱他为之倾注心灵的事业。你对无线电物理学产生了兴趣，这非常好。但是，要记住，这还只是兴趣。要把兴趣变成自己的志向，必须付出几倍的劳动。乘数比被乘数大许多倍，才会得出一个可观的积数。我想对你提出几点忠告。现在，科学正飞速发展，日新月异。如果你想成为一名精通本专业的出色的专家，那么你必须密切注意无线电物理学领域的最新成果。课堂上所讲授的知识，只是所需要掌握的知识中的一小部分。你要为自己制定几条规则：每天，持之以恒地，不论是假日还是节日，至少要阅读五页有关无线电物理学和相关科学，像电子学、仿生学、天体物理学、宇宙生物学等方面知识的学术期刊。我再重复一遍：一定要坚持每天这样做。例如，你参加五一节游行归来，不要忘记自己的"五页"。任何人也不能替代你完成这件事。要记住，人们在跨学科的领域里往往会有新的发现，那里有许多还未被探索的事物。因此，对跨学科领域必须给予特殊的重视。

我用钻研这个词并不是偶然的。大学生应该深入理解、掌握事实和结论，只有经过钻研和理解了的东西，才记入笔记本。不要照抄科学论文和教科书，只需要记住已被你消化和理解的东西。你对你已确定为自己志向的课程理解得越深刻，它就会在更大程度上成为你的志向。

还有一个建议。任何一个专业都有理论研究、实践和创造三个部分。在无线电物理学里，实验作业部分可能最能引人入胜。我希望你利用各种机会多去实验室和工厂劳动，多装配收音机和无线电控制的活动模型。任何时候都不要满足于一般的成绩，要更上一层楼，精益求精。这是培养志向的必经之路。第一次失败了，再重新来。不能忽视那些最简单的粗活。要勤练两只手，使之成为能胜任各种劳动的最重要的工具。我写了一篇关于手，关于手工劳动的文章。现在连同信一起寄给你。希望能引起你的共鸣。

请你帮我到书店看看，有没有关于劳动心理学和创造心理学的新书。如果有，就买几本寄来。

祝你健康，精力充沛！

拥抱你，吻你。

你的父亲

第六封信

亲爱的儿子：

你好！

我非常高兴，因为你在最近的一封来信中与我展开了争论。这太好了。看来，志向问题是一个最令人激动的问题。你抱怨我高估了教育和自我教育的作用，低估了人的天赋。当然，贝多芬在5岁时写出了他的第一批音乐作品，然而，这首先应该解释为贝多芬童年时代所处的良好、优越的环境使然。假如贝多芬生活在一个没有任何乐器、没有人懂得音乐的环境，也就不会发掘音乐家的才能。我相信，现在有成千上万的人，他们的天赋还没有得到发挥。如果他们的童年时代处在一个有利于才能发展的环境里，那么他们很可能成为卓越的学者、诗人和作曲家。共产主义理想的高尚人道主义正是表现在，在共产主义条件下，任何才能都有充分发展和展示的机会，都将开花结果，发挥才干。共产主义的理想，正是要使每个人都成为有才能的劳动者，天才的创造者。我们教育的理想（我对这种理想坚信不疑），就是要培养每个人都成为有才干的钳工、电焊工、农艺师和畜牧专家。我认识许多人，他们之所以在自己的岗位上成为出色的劳动者，那是因为教育开发出天赋给予他们的能力。在共产主义条件下，人身上天赋的东西和社会的东西，达到惊人的和谐。我热爱自己所从事的教育工作，因为它的主要任务是认识人，了解人。在工作中，我首先去认识人，从各个方面去观察他们的内心世界。玉石不经雕琢不成器，作为教师，要善于对待，善于琢磨，才能使人成才。教育的艺术就在于能够看到人类精神世界中那些取之不尽的各个方面。例如，我的一个学生，他学数学很吃力，学语法也不轻松，他既没有显示出数学思维能力，也缺少艺术思维能力。他有什么能力呢？同其他任何人一样，在他身上有着取之不尽的精神力量，有未被我发现的天赋和才能。教师要善于发现它和琢磨它，使孩子获得幸福和前途。他可能成为有才干的机械化专家，有才干的农民，有才干的细木工。我坚信这样的时刻一定会到来，那就是在我们的社会里将不存在一个没有才能、没有知识、对生活失去信心的人。每个人身上光彩夺目的一面，都将被发掘出来。暂时这还是一种幻想，但是迟早会变成现实。我深信，教育具有强大的力量。

我认识一些人，他们热爱那些看起来极为平常、微不足道的工作。他们成了本行业的诗人、艺术家。他们达到了创造的顶峰。这是因为天赋、才能与后天教育所赋予他们的一切，在其生活中达到了十分和谐的程度。我的一位朋友，是全国著名的两次"社会主义劳动英雄"称号获得者，他就是建筑工人、电焊工阿列克谢·乌列索夫。有一次，他向我谈起了他的工作。他说：

"从很小的时候我就想去工地干活。我像着了迷似的看工人焊接，看焊接时迸出的火花。我请他教我。于是我学会了电焊。参加了北方城市和水电站的建设。你体验到作为大地的创造者的幸福，这样的体验哪怕在生活中只有一次也是值得的。看着盖好的一栋栋新房，喜迁新居的一批批居民，看着你自己亲手建设的水电站，你的第一批机组发电了……这一切对我来说，是生活中最大的幸福。"

我还有一个朋友，他是我国著名的畜牧专家斯坦尼斯拉夫·伊万诺维奇·施泰曼。他是这样讲述他的工作的："我从来没有飞行过，也没有爬过山，航过海。一生中的大部分时间是在畜牧场和牛舍中度过的。然而，每当我回忆起过去的岁月，我觉得我就像一个旅行者，不止一次地穿越过无人行走的小路，不知道在转弯处会发生什么事情；那里等待我的是什么，我常常感到我像一个攀登高峰的登山运动员……"

儿子，好好想想这些话吧。一个昔日的雇农牧人说了这番话，过去的生活条件迫使他没有在学校里读过一天书，然而他通过顽强的劳动，成了卓越的学者和博士，成功地培育出科斯特罗姆良种奶牛。他一生从未离开过卡拉瓦耶沃国营农场。

这些事例再一次证明，人是自己志向的创造者。只有通过劳动才能走上通往智慧、创造和科学的道路。

确定自己的志向，这就意味着要有所作为，有所创造，不去背诵现成的公式和定理，不要费尽心思试图找到我是否喜欢这个工作的答案。一个人要喜欢他为之倾注了心血的工作,这才是最重要的。

我再劝你一次,任何时候都不要轻视那些最平凡、最"粗"的、最"脏"的劳动,因为创造正是从这里起步。

再见,亲爱的儿子!

祝你健康,精力旺盛。

你的父亲

第七封信

亲爱的儿子:

你好!

你怀疑农庄主席的话是否正确,他对在会上批评过他的大学生说:"你说的是实话,但实话本身并不能取得胜利。就像大炮要渡河,就必须用肩膀去扛一样。"你对此感到愤慨。你认为,大学生本来是对的,集体农庄每年损失良田 2 000~5 000 公顷,任其遭受侵蚀。20 年前生长过小麦的地方,如今被冲成了沟。你曾问这是不是事实,如果是事实,为什么农庄主席指责大学生是蛊惑者。

孩子,我们生活中的许多问题是复杂的。我给你讲一件过去的事。早在童年时代,我就记得村子里有一个人,大家都叫他扎哈尔卡。他有过姓,但已没有人记得。村里人只叫他虔诚者。为什么这样称呼他,这正是我要讲的主题。他从来不伤害别人,办事公道,为人正直,像农民那样虔诚,但是他终日游手好闲。后来,村里人成立了集体农庄，人们都干活去了，有的在大田，有的在猪场，有的在马厩。只有扎哈尔卡到处闲逛，无所事事。但是由于他时常说出一些公道的看法，所以大家送他一个绰号"虔诚者"。每到傍晚，集体农庄庄员们都聚集在办公室前面闲聊，有的扯起一天发生的事，有的回忆起往事，有的谈论未来。扎哈尔卡也来到这里，他说东道西，但谈的全是正事，像："该播种了，天老是不下雨，土硬得像石头，即使播了种，连种子也难收回来。"

他东拉西扯，喋喋不休。

又有一次，他说："今年霜冻来得太早了，一夜间西红柿都给冻坏了。"

后来有一次发生了这样一件事。在夏天的一场暴雨之后，扎哈尔卡跑进农庄大院，他的浅蓝色的双眼凝视着天空，用一种漠视观望的腔调对聚集在周围的庄员们说：

"橡皮沟那里下了冰雹，100公顷麦子被打光了。"

农庄的庄员们知道扎哈尔卡说的都是事实，但还是揍了他一顿。大家无法控制愤怒的心情，灵机一动，从扎哈尔卡身上扒掉污浊不堪的短裤，用柳树条夹着荨麻，狠狠地抽了他一顿。为什么扎哈尔卡说了实话却激怒了农庄庄员呢？那是因为在他冷冰冰的、漠不关心的话语里有这样一种思想：你们看，这就是事实，我全告诉你们了，它与我无关，毫不相干……

人民不喜欢这种"讲实话的"人。我这样想，农庄主席非常讨厌空谈关于侵蚀带来的危害。根据我们集体农庄自己的经验，农庄主席确实很难与土地的侵蚀现象进行有效的斗争。

真理这个概念是一个包罗万象的、复杂的，有时又是使人容易弄错的东西。没有抽象的真理，泛泛的真理，也没有抽象的实话，只有造福于人的真理是唯一的真理。有人如果想做一个为真理而鼓吹真理的人，说得形象些，他不想使真理变成造福于人民的工具，那么他将落到与扎哈尔卡同样的下场。

真理存在于我们平日所见和所做的一切事物之中。如果你想找到真理，当为了使人们生活得更美好而去探寻揭示真理时，那么，对真理的探寻也是一项艰巨的劳动；如果你想找到真理，就要去探究事物的根源。这里我想起我们四年级学生写的一个很有趣的故事。我想，如果你能思索一下这则小故事，它会帮助你理解真理的实质，而最重要的是：它将教会你观察和看见真理对谁有利，怎样把它变成造福于人类，造福于劳动者的工具。故事题目是：

蜜饼和麦穗

大清早，太阳还没有升起，一个人往衣袋里装了几块蜜饼就下地去了。他在麦地里走来走去，观看小麦的长势。他摘下一个麦穗，剥下麦粒，放进嘴里尝了尝，脸上露出了笑容。他把麦穗放进衣袋，于是麦穗和蜜饼见面了。

"你是谁？"蜜饼问。

"我是麦穗。"

"哟，你全身带刺。你为什么要活着呢？你有什么用处呢？"

麦穗微微一笑，把胡子——麦芒一撅，回答道：

"没有我就不会有面包和面包干，也不会有你这块蜜饼。"

蜜饼惊讶万分，它用敬仰的目光看了看麦穗，急忙给麦穗腾出了地方。

"这就是说，一切取决于你。可是谁管你呢？"蜜饼问道。

"劳动。劳动创造一切。但是，劳动掌握在人的手中。劳动和人，这是最重要的东西。"

这是一个令人深思的故事。作者是四年级学生。为把学生提高到这种创作高度，教师需要长年累月把自己的感情、思想、信念以及全部心灵灌注给儿童。

劳动和人，人和劳动，这是所有真理的父母亲。在年轻一代的教育中，一个特别重要的问题是：真理如何进入人的精神世界，我们所教育的人如何进入真理的世界。如果一朵花结成像扎哈尔卡那样的果实，那将是教育工作者的不幸。（如果教师当中有像扎哈尔卡那样的人，那么对学校来说则是更大的灾难。）在我们的工作中时常谈及信念这一神圣的东西。在教育科学著作中，它也是一个十分热门的话题。关于信念的争论，至今不知已写过多少文章，发表了多少见解，但是到今天仍然常常见到这样一些人，他们的胸膛是花岗石的（指知识），他们的腿是胶泥的（指信念）。为什么是这样的呢？因为青少年只记住了真理，但是并没有投入为争取神圣的真理而进行的斗争。他们没有做那些将真理体现在创造、劳动和行动中的事。在小学、中学和大学阶段，人们大概上千次地听到过诸如此类的话：要为人民谋利益；劳动光荣，懒惰可耻；等等。可是在人们的生活中有时会遇到什么现象呢？不久前，我遇到一位摄影师，他是工学院毕业生。在我们共和国的一所大学里有 10 个毕业生，他们不愿意去农村当教师，而是留在城里，有的做了发货员，有的摆摊卖水，有的经营菜店。

为什么诸如为人民劳动光荣这样崇高的真理没有在他们的心灵中占据位置呢？多年来，下面这种思想使我内心久久不能平静：只有当每个学生通过劳动，通过个人的努力掌握了我们信念中最崇高的真理时，我们的教育才是名副其实的共产主义教育。劳动是最伟大的美，然而劳动又是最艰巨的事业。认识这个真理，是教育的奥秘之一。

祝你健康，精神好！

拥抱你，吻你。

你的父亲

第八封信

亲爱的儿子：

  你好！

  最困难的事情应该成为最喜爱的事情。这就是人形成坚定信念的辩证法和逻辑。人一生中所珍视的东西恰恰是付出昂贵代价所获得的东西。年轻人热爱劳动的情感不是与生俱来，信手拈来的。只有通过劳动才能获得这个珍宝。遗憾的是，有些人竟然相信，通过给青年人更多的物质福利，才能使他们看到我们生活的欢乐，领悟到生活在社会主义社会的幸福。

  我希望你思考一个令我不平静的问题，这就是青年人的幸福生活与欢乐来得过分容易。我们教育青年要有各种各样的需求，但是，遗憾的是，我们还没有很好地培养青年人产生一种重要的需求，这就是对共产主义劳动的需求。我认为，对共产主义劳动的需求是人发自内心深处的对劳动的向往，是人的崇高精神境界的表现。他们认为，不为社会和人民劳动，生存就没有价值。只有人发现了劳动的乐趣，劳动才能成为人的需要。这种乐趣是其他乐趣所无法比拟的，它既不同于旅行、运动，也不同于欣赏艺术珍品的乐趣。劳动的乐趣，不是轻而易举能获得的。正像婴儿出生必须经过阵痛一样。通往劳动乐趣的道路不是平坦的。必须有登山运动员的坚强意志才能攀登到顶峰。攀登悬崖峭壁并不是件惬意的事，但是对于显示自己的力量，树立自己的荣誉与尊严，却是必要的。

教育工作者的使命就是使人感受到为了别人劳动的无比乐趣。踏上自我教育道路的人，他的使命是通过劳动获得乐趣。我对学生的精神世界了解得越多就越加深信，就像阿芙洛迪特[①]来自海浪一样，真正的人在艰苦中，在用汗水浇灌过的土地上产生，在战胜了难以克服的困难并对胜利充满自豪的地方产生。这种感情把一个人的精神世界，即个人的利益、志趣和爱好，同社会利益和需求联系在一起。青年人当他回顾自己自觉生活的最初十年，将会亲眼看到自己栽种的树木如今已根深叶茂，种植的葡萄已果实累累，用汗水将寸草不生的荒原改造成麦浪起伏的良田。我相信，此时，这些经历过劳动锻炼的青年人绝不会把穿旧的套鞋随意扔在树林里，绝不会把书撕碎，不会对埋在泥土中的锈铁或撒在地上的化肥无动于衷，袖手旁观。在他们看来，公共财产比个人的东西更宝贵，因为公共财产不只是个人的，而且能给人民带来欢乐。孩子，通过艰苦的劳动获得的欢乐，是培养良心的强大力量，希望你要将此永远铭记在

---

① 古希腊神话中爱与美的女神，传说由海浪泡沫形成。——译者注

心。形象地说，良心是信念的感情哨兵。我们努力教育人从童年时代起就要在自己心灵中树立信念。如果你已经认识到劳动的乐趣，并且把自己在今后的生活道路上寻找劳动乐趣作为获取个人幸福的最重要的条件，这个哨兵将会永远守护着你的心灵。

你要教育自己，也要准备将来教育好自己的子女。教育他们牢固树立一个信念，那就是：面包要经过艰苦的劳动才能获得。人们为获得粮食不知付出了多少个不眠的日日夜夜，双手不知磨出多少硬茧，不知流了多少汗水，克服了多少困难。你要想一想自己的童年时代，回忆一下你们这些十月儿童奔赴寸草不生的荒原的情景。你们把荒原改造为良田，种出了小麦。你们挖掉了淤泥腐草，掘松了土地。这些都不是轻而易举的事。如果依据某些关于共产主义条件下劳动的巧克力式的概念，天真地认为到了共产主义，机械化就应该完全取代人的劳动，那么，必然把劳动看成是过于繁重的令人厌倦的、单调的工作。登山运动员在冲向高峰时，对自己单调的攀登动作也会感到厌倦，但是他们知道，每攀登一步就更接近顶峰。收获的麦穗曾经是你们攀登的顶峰。你们用自己的双手种出的第一捧粮食，用自己生产的粮食烤出的第一个面包，最初的公民的自豪感，这就是真正的共产主义教育。要从童年时期起培养这种感情。要记住，你将来要做父亲，要在孩子身上重现你的一生，创造自己祖国的未来。如果错过了童年的黄金时代，那么以后再也无法弥补。要记住，童年时代洒下的每一滴汗水，都顶得上成年时期许多天的紧张劳动。童年时期种出的每一捧粮食，其内涵就像堆积如山的金色小麦，就像肥沃的耕地，就像老一代人多年的劳动。

没有战胜过困难，没有负过重荷的人，不能成为真正的人。在通往实现目标的道路上，青春年华应当战胜各种困难。只有这样，我们建设共产主义的理想，才能被每个人所理解和领悟，并把它作为每个人为之奋斗的目标。我们正带领你们进入共产主义社会的美好殿堂。这座宫殿不是人们无忧无虑寻欢作乐的场所，它就像一个蜂房，在这里人们奉献的要比索取的多。它不是博物馆里收藏的稀世珍品，而是一栋建筑物，每个人都要为它添砖加瓦。你即将走向生活。你要学会在我们今天的蜂房里酿出比昨天更多的蜜。当你沿着石阶小路向上攀登时，你越感到艰难时，你就会越加珍惜劳动的乐趣，越加意识到你生活的幸福。祝愿你在遇到艰难险阻时，不要惊慌失措。祝愿你成为一个真正的人。

祝你健康！

拥抱你，吻你。

你的父亲

第九封信

亲爱的儿子：

你好！

你说得对：精神空虚从青年早期开始，因为在这个时期，熟记、背诵多于思考。你在信中说："常常是没有时间思考科学真理，总是背啊，背啊……"

这种情况确实令人遗憾。可是，为什么中小学生和大学生没有在教师讲授知识的瞬间去认真地思考概念的实质呢？为什么强大的精神力量——我们时代的真理，伟大的科学真理，常常不能被人们心领神会呢？许多人不关心伟大的真理和我们的美好理想，不珍视人类的美和美的价值，他们热衷于去啤酒馆，或去参加令人疑虑的晚会，对此，为什么不感到惊讶和忧虑呢？

照我看来，变知识为人所有，使教学充满高尚美好的情感，这是普通学校和大学教育的头等重要的任务。人们时时刻刻都听到，现在是数学时代，是电子时代，是宇宙时代。所有这些流行的语言都不错，但是它们并没有反映出我们时代所发生的各种事情的全部实质。当前，世界进入了一个"人"的世界，这才是最主要的。近来，莫名其妙地鼓吹一种完全令人不能接受的、近乎愚蠢的偏见，认为不具有数学才能的人，是智力发育不全、生来不幸的人。

你想成为一名工程师，这很重要。但是应该首先成为一个人，这一点更为重要。现在，我们要比任何时候都更多地思索用什么灌注人的心灵。许多大学生从中学毕业后就不再学习人文科学了，而在中学时代，这类课程的教学效果大都不太好。这一状况令我非常忧虑。我所说的，是对青年人宽泛的人文科学教育问题，培养细腻的美好的情感，培养情操美感，培养具有关心人、爱心的品质。为什么你们周围的同志，彼此之间那么冷淡？为什么他们对自己朝夕相处的伙伴那么漠不关心？为什么没有把人当成每个青年人最重要的认识对象？为什么认识人，对于你们，我的年轻朋友们来说，没有成为最有意思的事情？这一切都在于情操美感教育太落后了。

防止精神空虚、兴趣贫乏，这不是某个人的事，而是你们每个青年人自己的事。我写信对你说过，无论听课、看书还是阅读学术刊物，都需要理解它，思考它，要在自己头脑中构架起知识的桥梁。当你认识世界时，如果你能够将科学的真理同你本人，同你的命运，同你的个性紧密联系起来，那时，共产主义理想对你来说才成为至高无上的和神圣的。现在，你们正在学习辩证唯物主义中的关于世界可知性的问题。这似乎是一个与实际生活相距甚远的纯理论问题。然而，实际上这是一个和我们的物质生活好坏与精神生活充实有关的实质性问题。认识周围世界，其目的就在于造福人类。当你在课堂上听了世界可知性的讲课后，要想一想自己的实际工作，想一想你用自己的知识、自己的劳动为我国人民的物质和精神财富做出了什么贡献？想一想，你探索大自然的奥秘，认识世界，阐释尚未被认识的事物，将会给你带来哪些乐趣？你要制订一个终生的自修计划，因为，你从大学毕业后，再过10—15年，科学知识的一半将是你未曾学过的新东西。

人道主义教育，这也是自我教育的过程。把自己培养成为人，这是最主要的。五年寒窗固然能培养出工程师，而学习做人，则是终生的事情。要培养自己具有人道主义的心灵。美是进行自我教育的最重要的手段。我所说的美是广义的美，它是艺术，是音乐，是对人的诚挚的态度。关于这个问题，我们还需要多多地谈谈。

我现在正忙于完成关于学校教学和教育工作体系的手稿，即将付梓。

拥抱你，吻你。

祝你健康，精力充沛！

你的父亲

第十封信

亲爱的儿子：

你好！

谢谢你寄信来，信尽管写得有点乱，因为你竭力想说出使你激动不安的一些问题。对你热忱亲切的来信，我感到高兴。

你认为在自我教育中最重要的问题是培养自律精神：要能强迫自己工作，向自己提出目标并努力去实现目标……当然，培养意志是自我教育的主要方面。然而，在我看来，意志是自我教育的结果，它的实质要深刻得多。

自我教育从自我认识开始。在青年人的生活中，最复杂和最困难的事情是从多方面观察自己，用理想主义和英雄主义的观点观察自己。我劝你多读一些描写达到人类最美境界的人物的一些书。在我们这个时代，有像丹科那样舍己忘我的人。你只要读一读有关米哈伊尔·帕尼卡霍的书，你就会从一个公民的角度看清周围世界和你自己。米哈伊尔20岁,是个共青团员,第聂伯彼得罗夫斯克人。在保卫斯大林格勒的战斗中,他炸毁了法西斯的坦克,自己也在炮火中牺牲了。当他准备将燃烧瓶掷向驶近的法西斯的坦克时,突然一颗子弹打碎了瓶子,他的衣服被烧着了,于是他像一把熊熊燃烧的火炬,扑向坦克,用自己燃烧的身体烧毁了坦克。米哈伊尔这种舍身忘我的行为甚至连法西斯士兵也为之震惊,竟然停止了射击。人们把米哈伊尔称作伏尔加河要塞上的丹科。世界上还有什么能同英雄的这种崇高壮烈的行为相媲美呢?在他面前,斯巴达的武士和温泉关①的英雄们都要黯然失色。如果你能看到这把为保卫祖国而牺牲自己的活的火炬,它将照亮你的整个内心世界,促使你看到深藏于内心的一隅。在这一瞬间,你将希望成为一个道德高尚的人,希望为祖国做些什么,希望投身到伟大壮丽的事业中去。

去努力创造这一时刻吧,这是非常重要的。要珍惜自己这一瞬间的伟大的崇高的激情。从崇高的和英雄主义的观点出发,你最终将向自己提出这样的问题:我是谁?我为了什么活在这个世界上?我是否具有英勇献身的精神?

建议你读一读介绍西伯利亚的联合收割机手普罗科皮·涅克托夫的书。在战争中他失去了双腿。战前他是集体农庄联合收割机手。从军队医院回到家里来,他十分忧郁,感到自己成了全家的累赘。然而,鲍·波列沃依写的《真正的人》一书让他明白了应该怎样生

---

① 指公元前480年希波战争中的温泉关战役,人们认为它是希腊历史上爱国主义战斗的范例。——译者注

活。他装上了假腿，用极大的毅力和勇气学会了走路，后来又学会了驾驶联合收割机。为了嘉奖他的出色劳动，苏联政府授予他社会主义劳动英雄的崇高称号。

还有一个名叫伊万·卢基奇·摩尔达维斯基的人，他在敖德萨农业实验站工作。战争期间，他身负重伤，医生截掉了他的两只手，他的左腿也不能弯曲，成了重残。可是，这样一个人竟读完了农学院，做了农艺师。

类似这样的人，我认识18个。在哈尔科夫州彼得罗帕夫洛夫斯克（离我们家乡很近）有一个名叫格里戈里·尼基福罗维奇·兹米延科的人，他是个拖拉机手。在战后几年中，他的拖拉机被地雷炸毁，他也失去了两条腿。他和普罗科皮·涅克托夫一样，依靠自己的力量又重新归队了。如果要介绍所有这些优秀人物的生活，就可以编出一部关于勇敢精神的文选，编出一部青年人的生活教科书。它将是一部对青年人进行自我教育的最得力、最有效的书。可是暂时还没有编出来这样的书。你读一读描写这些真正的人的书吧！

你大概还记得，夏天我曾经答应给你讲一讲苏联战士阿列克谢·别秋克的英雄事迹。他在执行战斗任务时不幸落在法西斯强盗手中。他被带去见法西斯军官。面对所有审问，他一概回答"不知道"。于是，希特勒匪徒割掉了阿列克谢·别秋克的左耳，别秋克只是痛得哆嗦了一下，但是仍然一言不发。刽子手们又割掉了他的右耳。不管是保全性命的诺言还是枪杀的威胁，都没有使英勇的苏联战士屈服。法西斯强盗采用了残忍的方法。他们撬开他的嘴，把他的舌头拉了出来，钉在桌子上。一个刽子手用刀尖在舌面上划来

给儿子的信

划去，突然一下，竟灭绝人性地割下了别秋克的舌头。夜深人静时，希特勒匪徒把别秋克带到河边，命令他跑，然后朝他背后开枪。阿列克谢·别秋克跌倒在水里，可是他得救了。他忍受住剧烈的疼痛，游到我方前沿阵地，被战士发现，送进了军医院（1964年7月20日，苏联《消息报》曾报道过别秋克的事迹）。

我在部队医院曾见到阿列克谢·别秋克。我的床位离他很近。他对于你来说，是一个精神高度完美的光辉形象。无数的苏联战士建立了这样的功勋，可是遗憾的是，这些事迹没有写成书。我相信，这类书将来肯定会出来的。这类书是自我思想教育的不可替代的教材。孩子，你好好想一想阿列克谢·别秋克的英雄事迹吧！用英雄的光辉业绩照一照自己的灵魂吧！每一个苏联青年都应该准备去建树这样的功勋。你将成为捍卫祖国的战士。要知道，在任何时候你都应当准备为了祖国的独立和自由而战。如果战争的火焰在你的身边，在每一个苏联战士身边燃烧，那就需要发扬坚强不屈的英勇无畏的精神，舍生忘死，誓与祖国共存亡。要知道，我们的生活中，有那样一些无法比拟的甚为宝贵的东西，那就是祖国、亲爱的人民和可爱的国家。缺少我们当中的任何人，祖国仍然巍然屹立，但是，我们当中任何一个人一旦离开祖国，他将一事无成。自我教育的首要任务是要把自己培养成为一个勇敢无畏的爱国者。

现在我们该把话题转回到你的信中来。你谈到年轻人的可怕的犯罪行为。他们的精神之所以空虚，思想之所以落后，目光之所以短浅，首先是因为他们不具有热爱祖国这样一种人最最重要的品质。热爱祖国，这是一种最纯洁、最敏锐、最高尚、最温柔、最无私、最强烈、最温存、最严肃的感情。一个真正热爱祖国的人，他在各个方面都是一个真正的人……

要不断磨炼自己，培养人性。首先要特别敏锐，能够识别谎言和邪恶，识别欺骗和侮辱人的尊严的行为。在这方面，不仅识别，而且嗅觉灵敏都具有重要意义。例如在你面前发生了一件侮辱人的事。假如你对此视而不见，认为是区区小事，那么要不了多久，你就会对你周围发生的一切熟视无睹，置若罔闻。因此，需要磨炼自己，培养心灵的敏锐性和细腻入微的感情。

美能磨炼人性。如果一个人从小就受到美的教育，首先是阅读一些好书，如果一个人的领悟能力，对一切美好事物的赞赏能力不断发展，那么要让他变成一个冷酷无情、卑鄙庸俗、贪淫好色之徒是很难想象的。美，首先是艺术珍品，能培养性格的细腻性。性格越细腻，人对世界的感悟越深刻，从而对世界的贡献也越多……

有一个问题使我感到不安。那就是在你的生活中是不是每天都能接触到美。我在你的宿舍里几乎看不到什么文艺作品。在你的书架上只放着两本书，一本是奥莉加·贝戈尔茨的《白昼星辰》，另一本是秋秋尼克的《旋涡》。这是两本好书，你阅读它们，没有虚度时光，为此我感到高兴。书籍浩如烟海，在书籍的海洋里，一本本好书宛如相距遥远的小岛，你要到每个岛上去……在这个书的海洋中，不容易迷失方向，也不会遇到浅滩。对待黄色读物，你要视之若火。有一些书，在人的一生中需要阅读许多次，每一次阅读，都会在他眼前展现出美和人的心灵的最新境界。我不止一次地读过托尔斯泰的《复活》、陀思妥耶夫斯基的《白痴》和《罪与罚》、但丁的

《神曲》、莎士比亚的《哈姆雷特》。第一次读这些作品的时候，我16岁。第二次读的时候，我20岁。当我30岁第三次读这些作品的时候，感受就完全不同了。你根据自己的体验将会确信这一点。随着你年龄的增长，喜欢阅读的书的范围将会缩小，但这些书确实都是令你爱不释手的好书。我建议你从现在起，把在学校里读过的书再读一遍。这就和再度欣赏优美的乐曲一样，是为了陶冶情操。乐曲《天鹅湖》，我们听过几十次，对这样一部优美动人的乐曲，可以说是百听不厌。重温一些不朽的文学作品，这首先意味着人的自我认识。读契诃夫的《草原》，把他的这部令人惊叹的作品读上五次、六次、七次，你必然希望自己的精神风貌不断地得到升华。我还喜欢科罗连科、库普林、普里什温、保斯托夫斯基的作品。如果我不读这些语言大师的作品，恐怕连一个月也无法生活。你还应当读些当代俄罗斯和乌克兰作家的作品。我劝你读一读西蒙诺夫、索洛乌欣、特瓦尔多夫斯基、贝戈尔茨、希帕乔夫、谢利温斯基、加里宁、尼林、坚德里亚科夫、马丁诺夫、斯捷利马赫、贡恰尔等人的作品。亚诺夫斯基的《骑士》、塞格尔斯的《第七个十字架》、谢伊特-埃克久佩里的《人们的土地》、海明威的《老人与海》等书要多读几遍。

要记住，书是人类数千年来的智慧的结晶。伏尔泰说过，第一次读了一本好书，如同结交了一个新朋友。[①] 那么，重读一本好书，无疑等于重访老朋友。希望你结识更多的良师益友。读书不是一个

---

① 见《论书籍》，莫斯科，图书出版社，1969年，第232页。

机械的过程,而是一种创造。要从书中受到教益,要学会思考和判断是非。

　　请原谅,这封信写得太长了。然而,自我教育这是一个永恒的话题。

　　祝你健康,愉快!

　　拥抱你,吻你。

你的父亲

第十一封信

亲爱的儿子:

你好!

我非常高兴,因为这封关于自我教育的信会引起你这样大的兴趣。你十分敏锐地看到了现代青年人的一个特点,那就是非常容易激动,有时甚至达到神经过敏的程度。我相信,人们之间的许多冲突,以及时常发生的争吵,其原因往往是他们不善于控制自己的情感,更有甚者,有些人根本不注意情感的自我培养。

然而,培养自己的情感境界,这在我们这个时代,特别是对青年人来说,是一个非常严肃的问题。几千年来,人的生活基本上是由肌肉力量以及诸如固执和残忍等神经系统的粗野本性所决定的。

每个年轻人最主要的是要记住,不要用粗野的情感,如喊叫、暴躁和凶狠来填补思想上的空虚。在人的心灵深处,在潜意识里隐藏着一种本能,即动物的恐惧心理、凶恶和残忍。一个人越是缺乏文化修养，缺乏智力和美感，那么这些人的不好的潜质就会表现得越突出，让人感到粗暴无礼。当一个人无法更好地证明自己正确时，他或者直截了当地说，没有什么需要进一步证明的了（一般说来，情感丰富、在理智上具有涵养的人就是这样做的），或者大喊大叫，即用"本能的反抗"来填充思想上的贫乏。应该珍惜自己的或者是别人的神经系统和情感世界。要记住，现在对人来说，需要细腻的情感，如同需要空气一样，而细腻的情感来自细腻的思想和丰富的智力。情感可以使思想高尚，但是，真正的人的情感不能离开思想而存在。情感来自思想，思想滋润情感，情感寓于思想之中。丰富的思想使人成为人的精神世界中的独立力量，它激励人们去实践高尚的行为。

怎样培养自己具有细腻的情感呢？首先，任何时候都不要忘记：你生活在人们中间。任何时候都要记住：同你一起劳动的人，他们每个人都有各自的忧虑、牵挂、思想和感受，各自的喜怒哀乐。要学会尊重每一个同你一起生活和劳动的人，看来，这是人的最大的技能。细腻的情感只有在集体中，只有在同你周围的人们经常的精神交往中才能培养起来。

没有比在充满智力和美感的亲密友谊中能更好地"磨砺"和锤炼情感的了。要在友谊中培养自己的情感。友谊能帮助你培养对周围每个人的细腻情感。

然而，能使人的精神丰富，帮助人战胜本能和发展人所特有的本性的这种真正的友谊需要什么呢？需要你个人精神上的充实。只有当你给你的朋友以某种帮助时，你的精神才能变得更充实起来。

当然，不能奢望，在建立一个新的集体以后才仅仅几个月就能结识新朋友。但是真正的友谊终究会建立起来的。你将同他们交流自己的思想和情感，分享快乐和忧愁。

如果我现在有机会到你那里去，那我就去了，把你同屋的同学聚集在一起，并邀请其他一些同学，跟他们讲讲："年轻的朋友们，要珍惜你们的情感，并去培养它。要记住，在我们这个时代，人对于来自周围世界的影响，变得日益敏锐起来。'人与人是朋友、同志和兄弟'这一思想里面，包含了深刻的意义。但是它的深刻内涵远远没被理解。做一个朋友，这首先意味着教育人，肯定他身上的人的特性。"

教育的实质就在于克服自己身上的动物本能并发展人所特有的全部本性。

兽性就是对一切有生命的和美好的事物缺少怜悯，对别人的精神世界漠不关心，这是所有杀人犯、暴行者的心理基础。要培养对一切有生命的和美好的事物的怜悯之心。你将来会有孩子，要记住：一个小孩子，他们的道德和对人们的态度往往取决于他们从小对飞鸟、花草和树木的态度。

寄给你一本书，谢伊特·埃克久佩里的《选集》。我希望你认真地读一读《小王子》这篇童话并思考它的内容。

祝你健康，精力旺盛！

拥抱你，吻你！

你的父亲

第十二封信

亲爱的儿子：

你好！

你的来信使我非常高兴（你很久没来信了，差不多有两个星期了）。在你们的集体中激发了对智力的兴趣，你们开始辩论，而且辩论的题目为"自由和义务"，这都很好。你们邀请我参加你们的辩论，我很乐于参加。你在信中说，你的同学中的某些人坚持这样的观点：在某些活动范围（例如在"个人生活问题"上），人可以不受拘束地发表自己的意见。在另外的活动范围内，这些自由就要受到社会要求的限制。你不同意这个观点，我支持你的意见。你的观点（自由就是学会正确地按照人民的利益去行动）实际上重复了马克思的名言："因此，意志自由只是借助于对事物的认识来做出决定的能力。"青年人力求用自己的语言去表达最复杂的想法，这很好。绝对的自由是没有的，也是不可能有的。要知道，人生活在人们中间。

列宁曾指出，在社会中生活而又不受社会的约束是不行的。在你的反对者中，有些人用隔板把生活隔开：在这一半的生活中，他要按照社会的要求去做；而在另一半的生活中，他随心所欲，绝对不考虑别人。这种划分实际上是以小市民的哲学为基础；在工作岗位上，他衣冠楚楚，道貌岸然，可是在家里，他却是一个吝啬鬼、寄生虫、暴君、对亲人的虐待狂。在我们的社会中，这种人究竟还有多少！在亲情、道德和情操方面，在爱情、婚姻和家庭生活上的绝对自由是十分有害的。在人的生活的这些方面，自由首先意味着最大的责任感。关于这个问题，列昂尼德·马丁诺夫说得好。

我认清了，
什么意味着自由。
我认清了这种情感的艰难，
这是世界上的一种纯粹个人的情感。
然而你知道自由意味着什么吗？
要知道这意味着要对一切负责！
我要对这个世界上的一切负责——
对叹息，对眼泪，对悲伤和牺牲，
对信仰、迷信和无神论。①

顺便说一下，如果你没有读过这位优秀诗人的诗，我给你寄去一本他的《选集》。

苏联人享有真正的自由。但是，我们共产党人任何时候都不隐

---

① 马丁诺夫：《自由》，莫斯科，青年近卫军出版社，1965 年，第 345 页。

瞒，我们所理解的自由是为了人民的利益而做的事情。一些人谴责我们没有任何个人的自由。对战争、暴力和腐化的宣传鼓吹，在我们这里要受到法律的惩罚，在这一问题上没有，也不可能有任何个人的自由。如果每个人都可以为所欲为，那么社会就会变成一个疯人院，人们就会害怕上街。苏联人自由的基础是社会利益和个人利益的和谐。社会所关注的，是使你们大学生能学习得好，将来成为优秀的专家。这就是为劳动人民的利益。你要知道，你为了更好地学习，可以有多种途径的选择自由。但是假如你逃避学习，无所事事，即便只有一条路，你也无权选择。

人本身的意志和自我克制是最主要的。应当敏锐地分辨三件东西：可以、不可以和应该。凡是能分辨出这三件东西的人，就都具有一个公民的最重要的特点：义务感。义务，这是行动的自由，是受崇高思想鼓舞的人的行为，我正是为此而行动。尽义务并不束缚人的手脚，不束缚人的意志自由。义务和良心——这些道德情操构成了人区别于动物的最重要的特点。亲爱的孩子，要培养自己人的品德。要记住歌德的教导："如何认识自己？不能通过冥想，只有通过活动。你尝试着去履行自己的义务，才能真正了解你自己。"[①]

祝你健康，精力旺盛！

拥抱你，吻你。

你的父亲

[①] 歌德:《艺术论文和思想》，《文章汇编》，莫斯科—列宁格勒出版社，1936年，第17页。

第十三封信

亲爱的儿子：

你好！

我现在从柏林给你写信。临行前我说过，我将在柏林逗留十五天左右。可是到了柏林以后，我就设法尽快办事，以便争取时间提前回国。这样，我将在德国待十天左右。

我已不是第一次出国。我曾经到过许多国家，而且每当命运把我弄到远离祖国的地方，都会有一种新的力量激发我热爱祖国的情感。在国外，我特别深切地感觉到自己对祖国所担负的一切责任。每当有人谈到苏联学校和我国经济状况时，我的心就激动万分，似乎他们谈论的是我个人的事。当听到对国家的评价是"一切都好"时，我的喜悦与自豪之情溢于言表。

祖国，这是慈祥而又严格的母亲。如果她的儿子成了不好的人，他懒惰、冷酷无情、意志薄弱、虚情假意、不诚实，那么母亲将会感到多么伤心呀！如果你不能成为真正的人，祖国会像亲生母亲一样心痛。你的生活和劳动，要让祖国为了你而骄傲。要善于从祖国人民最高利益的高度审视你自己。

要为自己的老一辈感到自豪，他们是为争取祖国自由和独立，为劳动人民解除剥削，争取社会主义革命的胜利，使世界摆脱法西斯统治的战士。你的祖国的伟大儿子们的名字，这是你心中的瑰宝，是你的骄傲。要记住，我们的祖国，是世界上第一个社会主义国家。她开辟了人类走向共产主义的道路。这是你的民族的骄傲。要记住，我们的祖国是伟大的列宁开创的新世界。

我路过波兰、德国时，看到许多安葬苏联战士的墓地。我们祖国的几百万儿女为了使世界免遭法西斯的奴役而献身在这里。

我到过一个叫布亨瓦尔德的地方，现在这里是法西斯主义受害者的纪念馆。而在战争期间，这里曾经是最可怕的杀人集中营之一。当你看到法西斯在这里如何以德国人的所谓准确性和条理性而消灭了几十万人（都说几十万，而也可能是几百万，谁也不知道，因为所有文件都被烧毁了……），你会感到毛骨悚然，其中大部分是苏联人。在那里我看见了干枯了的人头，用人皮制作的手提包，法西斯用人的头发做的口袋和褥子。我还看见了用人的骨头熬制出来的肥皂。

可怕的命运威胁着整个世界。在博物馆里，我看到了法西斯的计划：他们企图灭绝斯拉夫民族。要记住，是那些永远躺在白桦树下的普通的苏联士兵拯救了人类。

你要记住，成千上万的人为了你的幸福献出了他们的生命。在监狱里，在绞刑架上，在枪林弹雨中，在集中营的罪恶的焚尸炉里，在为保卫每一寸土地的殊死战斗中——从伏尔加河到柏林，无数的苏联人牺牲了，你的许多同龄人牺牲了。你要记住，我们祖国的 2 200 万名优秀儿女为了保卫你的摇篮献出了生命。几百万位母亲甚至不知道自己孩子的尸骨埋在哪里。你要在你一生中最幸福的那一天去瞻仰英雄的墓地，向烈士献花和致哀！

你要记住，每个民族都有自己的瑰宝——为人类的自由和幸福而捐躯的英雄们。你要永远怀念这些英雄们：伊万·苏萨宁、乌斯季姆·卡尔梅柳克、亚历山大·乌里扬诺夫、尚多尔·佩捷菲、谢尔盖·拉佐、恩斯特·台尔曼、卓娅·科斯莫杰米扬斯卡娅、尤利乌斯·伏契克、亚历山大·马特洛索夫、尼科斯·别洛扬尼斯、穆萨·贾利勒、胡利安·格里马乌。要记住，人民对 2 200 万名牺牲者当中的每一个人的献身精神和英雄主义都给予了这样高度的赞扬。

可能你感到奇怪：为什么父亲在信中没有讲述国外生活的所见所闻，为什么他讲的都是过去早就知道的事情……因为，在这里，无论我看到什么，听到什么，都使我想到祖国，看到祖国。我想到了现在正值二十几岁的青年人。这是多么美好的一代，亲爱的儿子，你们的命运多么令人羡慕啊！你和你的同龄人将生活到 21 世纪，你们这风华正茂的一代，将充分展现你们的创造才能。然而，使我深感不安的是：我们，你们的父辈，能不能将我们的全部精神财富和付出极大代价得来的全部物质财富传给你们？你们能不能完全理解并用整个心灵去真正感受我们在伟大的卫国战争年代和祖国经济恢复时期所经历的艰难困苦？

希望你们能成为优秀接班人，珍惜父辈所创造的一切。

再过一周我就该回国了，我一定顺便去看看你。

祝你健康，精神好！

你的父亲

第十四封信

亲爱的儿子：

你好！

对你的来信我思考了很久，所以拖到今天才回信。我赞成你以及你的同学们对本校一名学生的行为所表现的愤怒。爱情的道德纯洁性，是人类灵魂的一面镜子。一个人如果在精神—心理方面和道德情操方面是肮脏的，那么他就是一个卑鄙的人，他不能成为一个好公民，一个忠诚的劳动者和一个正派的人。人和世界上其他动物的区别，特别重要的一点是，人使性的本能高尚化。在精神生活的这个领域，理智和意志应该成为性欲的高度警觉的哨兵。我不同意某些作家和评论家的观点，他们说什么对感情不能下禁令，人不能控制性欲。这是一种掩饰性道德败坏和"爱情解放"的柔软面纱。

列宁对此提出过尖锐的批评。① 这种"情感至上"的理论对于刚刚步入社会的青年人来说是十分有害的。一个人在产生性欲之前,他应该为心灵之美所陶醉,应该对他人怀有极大的道德责任感。只有在这种情况下,才会有牢固的、真正的爱情。真正的感情能使理智促进感情,能向感情注入道德力量,使精神活动在道德方面趋于高尚,而不使感情受斤斤计较和瞻前顾后的摆布,不使人去盘算他所爱的人能给他带来多大的好处。只有当情感和思想融合成人对人的道德责任感,爱情才会是高尚的。

你已经是个成年人,很快就要做父亲了。因此我非常坦诚地和你谈论这些问题。作为父亲,我负有这种职责。假如儿子变成了坏人,社会有权问他的父亲,您为什么没有履行对社会的义务?要知道,每个公民最重要的社会义务,是为祖国培育真正的人。孩子,你要记住,父亲是崇高的公民的称号。

许多青年人的轻率放荡的行为使我不安。在光天化日之下,在熙来攘往的人流中常常见到青年男女旁若无人地搂抱亲吻。有一次我问一个很年轻的姑娘:"周围这么多人,难道你不感到害臊吗?"她却回答说:"难道友情需要掩饰吗?"

这个姑娘的回答并不高明,虽然她在生理上已有了做母亲的资格,但是在道德上她却还不具备这种资格。一个人把应当深藏于内心的、隐秘的、不可侵犯的情感展示在人们面前,这是一种愚蠢的和下流的行为。一个18岁的小伙子,爱上了一位姑娘,又是搂抱又

---

① 列宁和蔡特金谈话中谈到这个问题。

是接吻。这是放荡。真正的爱情，要求终生承担巨大的神圣的义务。如果你不想失去自己的情感，不愿在精神上堕落，那么就不能屈从于第一次情欲。一个人对另一个人负有某种道德义务，他才能亲吻和爱抚她，这种道德义务就是意识到你将做她的丈夫，做她的孩子的父亲。我认为除此以外的其他爱情，追求刺激的爱情，为排遣寂寞而去寻找的爱情，都是道德败坏。

要记住，爱情，这首先意味着对你所爱的人的命运、她（他）的未来承担责任。想借爱情寻欢作乐的人，是贪淫好色之徒，是堕落者。爱情，首先意味着奉献，把自己的精神的力量献给亲爱的人，为他（她）创造幸福。

孩子，你要记住，夫妇一生在道德上的纯洁依赖于婚前他们之间关系的性质，依赖于在这种关系中精神—心理和道德情操因素所占优势的程度。在爱情方面，"经验多""阅历深"是十分危险的事。情侣在婚前的精神—心理关系越纯洁越高尚，青年人——未来的丈夫，他的道德义务感就越强烈。对女人的道德义务感，对她的前途的责任感，这就使青年人成长为男子汉。纯洁的爱情使青年人变得健康成熟，轻浮的爱情，消愁解闷的爱情使他们变得堕落。

爱侣之间思想交流的最大乐趣就是智力和美感的相互充实，逐渐认识和发现所有新的道德品质和美，其中包含着爱侣之间渴求相互汲取一切美好的东西并相互奉献。忠贞恒久的爱情是每个人的向往。但是这种爱情靠什么去支撑呢？可以这样说，它依靠人的取之不竭的力量。我和你母亲结婚快二十五年了……每当我们分别几天再相见时，我的兴奋之情总是难以平静，我从她这位今世唯一为我所爱的妇女身上又发现了什么未见过的新的东西。她的双眼似乎在不断地显现新的美。内心世界的丰富充实是通过人的目光所表达的大量细腻感情表现出来的。如果这种感情贫乏，那么初次相见时使你为之倾倒的外在美，会随着时间的流逝而变得黯淡无光，失去魅力。迷醉于短暂的外在美的爱情，只欣赏一张漂亮的面孔，一副匀称的身材，这样不可避免地会导致失望，造成"性格不合"，婚姻破裂。

要记住，没有专门的"爱情科学"，但是有人性的科学。掌握了这门科学的起码知识的人，才能同他人建立起道德情操方面的高尚关系。爱情，这是对人性的最严格的考试。列宁在同克拉拉·蔡特金谈话时强调指出，在恋爱上也必须克己自律。我们男人在这方面起主导作用。每当你感情冲动的时候，一定要克制。要知道，爱侣之间的肉体结合，从道德上来说，是精神的结合：他们相互尊重，准备白头偕老，同舟共济，共度此生。要记住，极力想在婚前发生性行为的青年人，会使内心世界充实、聪明正直的姑娘感到极大侮辱和愤怒。

要知道，青年人最幸福的时刻，是拥有纯洁、理想的爱情的时刻，这种爱情使内心世界充实的人们永远不想分离。如果有两个具有同样高尚的自尊和人格的青年相亲相爱，那么他们长时间内不会逾越性行为的界限。这不是说他们没有这种欲望，而是他们清楚，尽管他们的欲望十分强烈，但没有精神上的结合，只求生理上的结合是不道德的。他们在精神上接近、追求理想爱情的阶段比较长，甚至有意这样去做，他们从这种追求中获得莫大幸福。

不知你听说过这样的谚语没有："居家过日子，并不是穿越一片田野。"一个人在家庭生活中的表现，往往反映出他的真实的道德面貌。遗憾的是，在我们的生活中还能见到这样一些人，他们在家庭以外表现出一副为崇高理想而战的斗士形象，而在家中却是浅薄的利己主义者或暴君。有些人，按照他的道德发展水平，完全不具备结婚的条件，他们娶妻或出嫁是一种严重的不道德的行为，是对下一代的犯罪。有的人把婚姻看作是可以不受阻拦地满足个人的本能的事情。一些道德败坏的年轻人，他们向对方一再恳求，并发出海誓山盟，但是他们还是把结婚看成是一种权利，以便获得婚前未能得到的一切。任何法律都不能巩固精神联系薄弱的爱情。

要记住，人们一旦结婚，就不仅要承担法律和物质上的责任，而且要承担精神上的责任。社会精神的丰富依靠家庭的关系。有时年轻夫妇结婚才几个月就感到"失望"，让"爱情的诗篇"从身边消失。造成这种情况的具体内容和引起争执的缘由可能多种多样，但是究其原因总是一个，那就是：年轻人以为一旦结婚，在生理上和精神上的结合会给他们带来无限的幸福，爱情完全没有阻力。他们忘记了，爱情之火，如果形象地比喻，需要经常不断地添加好的燃料，这燃料就是丰富的多侧面的精神生活。假如缺少好燃料，那爱情之火将会熄灭，冒出浓烟，使自己和别人都遭殃。只有精神生活愈加丰富的爱情，才能巩固家庭。

要记住，青年人结婚后在很大程度上应该是自己爱情的创造者，而不单纯是爱情乐趣的需求者。婚后，创造应该超过需求。如果不经常创造和积累精神财富，生理结合就不能达到高尚境界……在家庭生活的某一个阶段里，会突然发生这样的情况：丈夫与妻子都感到自己的感情消失殆尽，各自都不能再给爱人展示什么新东西，不能再给家庭精神生活提供些什么。有时甚至发展到这种地步：婚前因短暂分离也会相互牵挂的两个人，竟然彼此不能容忍。这是把家庭生活变成地狱。应当记住，孩子首先会为此吃到苦头。要成为一个各方面都很好的公民，这首先意味着关心社会的未来，我们的未来——孩子。你要记住，如果你产生了建立家庭的愿望，那你应该很好地检验一下自己，是否做好了履行公民义务的准备。任何时候都不要忘记，谈情说爱，意味着生儿育女。

对于一个善于创造自己的精神财富的人来说，没有第一次、第二次爱情，只有唯一的爱情。要做一个理想主义者（在这里用的是这个词的褒义），贡恰尔的长篇小说《旗手》中的主人公之一布良斯基说："那些朝三暮四滥用感情的人，最终应当感到自己一钱不值。"这段话表现了纯洁的道德，对爱情的忠贞不渝，它包含着深刻的真理。如果你是一个真正的人，如果你能够为你所爱的人创造精神财富，那么让你中止与多年相亲相爱的人的恋情，是不可思议的事。真正的爱情，不因岁月的流逝而减弱，相反，将愈加巩固炽烈。我把自己的心灵献给了我所爱的人，他（她）把自己心灵中的美和道德责任感也献给了我，我们共同去创造那不能再度创造的财富。这些财富包括：我们精神上的进取、理智和情感的相互充实、儿女、忠诚、家庭的荣誉与尊严、传统的继承、对往事的回忆、诗一般美好的青春，以及青年时代的纯洁感情。这一切都在心灵深处留下痕迹，以至于在重新开始新的生活时，不触及心灵的创伤是不可能的。

当丈夫或妻子失去自己的爱人，即使许多年后，甚至终生都不能忘怀，使他（她）不能再产生新的感情。这种情况并不是例外，也不是"浪漫的遐想"，而是人性的深刻体现。人之所以不能忘记心爱的人，是因为他（她）已经占据了她（他）的心灵，他们的命运已经融为一体了。

这封信写得太长了。你对父亲的说教不会抱有成见吧。你要好好想一想我所说的每句话。要做一个全面的真正的人。

再见，亲爱的儿子，五一节时回家来过节吧，哪怕只待一天也好。

祝你健康，精神好！

拥抱你，吻你。

你的父亲

第十五封信

亲爱的儿子:

你好!

你问我,具有不同文化水平、不同兴趣爱好和不同需求的年轻人能不能幸福,爱情能不能把他们连在一起?

一年前,我们学校一个毕业生薇拉的母亲来找我。薇拉继中学之后又从大学毕业,在一个大工厂的工地工作。母亲给我看了女儿薇拉的信,姑娘在信中谈到她的忧郁和疑虑。我在这里改动了姑娘的姓名,因此可以揭开这个很有教育意义的秘密。姑娘信中写道:"他是一个出色的工人,爱上了我,可是我一直没有等到我所期待的那种幸福的心灵上的结合。有几次我和他谈起应该参加函授学习,应该渴求知识,因为,没有受过中等教育将来就无法使用机器。他的文化水平只达到六年级……我对他说,最好两人能一同去莫斯科,去列宁格勒,看一看自己祖国的风光。他却惊讶地说:'你想得太远了，应该想想今天；有不错的工资就很好了，至于将来怎么样，我们早晚会见到的，况且这些事与我们毫不相干。'接着他又说：'这种旅行有什么好处呢？除了白白浪费钱，恐怕一无所获。我们需要盖房子，需要做家务事：养猪，喂鸡，等等。我不想再学习了，即使你受完了中等教育或者高等教育，也不会因此而提高工资，你从大学毕业了，可是工资比我还少。'……亲爱的妈妈，你说我该怎么办呢？我现在不想和他见面，甚至不想看他一眼。妈妈，我这样做，对吗？或者像他说的那样，我的行为过于古怪了？我和一个女友谈过我的疑虑，她说我是个理想主义者。我感到和他一起生活将非常寂寞无聊、郁郁寡欢，就像咱们池塘边生长的那株枯柳似的……"

母亲做得对，她给女儿写信说："当每个人面前都在展现出光明、美好的世界时，为什么要把自己的生活束缚在家庭、厨房、喂鸡、养猪这片小天地里呢？根据维克托的话，可以看出他对你的态度。显然，一旦你做了他的妻子，他会叫你辞职，接着就抱怨他养活了你……女儿，这种命运是多么可悲呀。"

由此可见，一个人将自己的命运同什么样的人连在一起，这不是无所谓的小事。他要对与之携手共同走过生活的人的精神生活提出一定的要求。在受过高等教育甚至获得学位的人当中，也有愚昧无知、没有修养的人；相反，在普通工人或者集体农庄庄员中也有文化修养很高的人。在我们区的一个村里，有一个18岁的姑娘，名叫波林娜，她是甜菜生产小队长，姑娘因为父亲去世只读到八年级。她认识了刚分配到村里来的青年医生。医生很快爱上了波林娜。但是姑娘却把自己的感情深深地埋在内心。她喜欢这个年轻人，对他的真心诚意毫不怀疑，但是有一种想法使她苦恼：医生的文化水平比她高。姑娘痛苦地发现，她所爱的人兴趣广泛，见多识广，而她自己却孤陋寡闻。聪明敏锐的年轻人很快就摸透了波林娜博大、追求上进的襟怀。当他听到姑娘坚决拒绝嫁给他的时候，他明白了，姑娘在没有朝她的目标前进一步之前是不会答应他的。波林娜对青年医生说，她想读完十年级，以后还要读大学。她已经上了函授中学，她的理想是成为一名女教师。

姑娘的目标逐渐吸引了这位年轻人。他帮助波林娜学习，同时自己也决心更熟练地掌握外科医术。他们向往未来，生活在对未来的美好憧憬之中，确信他们的愿望一定会实现。这是一种纯洁美好的、理想的、持续了数年的恋爱。五年之后，姑娘从中学毕业，修完了大学的两门课程，这时她才同意结婚。

他们的爱情是道德高尚的友谊。他们之间未曾发生过性行为，甚至不允许自己产生这种念头。他们彼此忠贞不渝、互相信任，信守理想。人们可以建立起没有痛苦、没有悲伤、没有心灵创伤的生活，可以缔造令人惊叹的人间幸福。要记住，你自己就是自己命运和幸福的创造者。

孩子，认真想一想我说的话吧。

祝你健康，精神好！

拥抱你，吻你。

你的父亲

第十六封信

亲爱的儿子：

　　你好！

　　从你的来信中可以看出，我说的一番话在你们宿舍中成为引发争论的火花。这很好。好就好在青年人对这些问题并不是漠不关心的。

　　你在来信中说，你的同学中有些人不相信男女青年之间存在友谊，认为既然是男女青年之间的事就一定是爱情。对这个问题我想说说我的看法。

　　友谊是培养人的情感的学校。我们之所以需要友谊，并不仅仅是为了消磨时间，而是为了肯定人心中的善，首先是肯定自己心中的善。我认为道德教育的一个最重要的准则，就是要使每个人从少年和青年早期起就深深地赞美人的高尚情操，产生敬爱之心。这实质上是对人、对人性美的信任。如果缺少这种信任，人的内心世界就是空虚的，生活中哪怕遇到微小挫折都会使他牢骚满腹、垂头丧气。所谓人的内心空虚，就是指一个人对任何事物都缺乏信念，这是一种最可怕的缺陷。关于这个问题，我以前曾经写过，这里再重复一次。心灵空虚必然会贪婪地吸引坏的东西，难以接受好的影响，因为精神空虚、思想贫乏本身就是缺陷。心灵空虚的人不可能有真正的朋友，他感受不到友谊中内在的人性。

生活令我信服，如果一个人从少年和青年早期起就不断受到道德理想的鼓舞，如果他理解何谓正确的人，那么友谊就会使心灵不断充实，他就会从友谊中去寻求自我确立和自我教育的一片天地。

男人在成长过程中特别需要这种高尚的对人的精神需求。为了成为真正的男子汉，你从青年早期开始就应该去发现友谊之中丰富的精神世界。你未来家庭的幸福依赖于你的爱情的纯洁性。

没有友谊的爱情是浅薄的。如果小伙子首先把姑娘作为人来尊重，那么这种高尚的友谊像爱情一样是十分美好的。那些想将爱情中精神生活的共同点建立在视爱情为性吸引的人，正是他们不珍惜爱情，因为他们竭力把精神世界的全部内容说成是接吻和争风吃醋。如果爱情缺少高尚的精神生活，没有对共同理想的追求，没有为实现共同的理想而建立的友谊，就会把爱情变成一种感情的宣泄。希望你把别林斯基的话记在笔记本里，一个人好好读一读，对照一下自己。

"爱情是生活中的诗歌和太阳。但是在我们的时代，如果想把幸福大厦只建立在爱情之上，并在内心指望自己的一切意愿都得到充分满足……他将是不幸的。""如果我们生活的全部目的仅仅在于谋求我们的个人幸福,而我们的个人幸福又仅仅归结为爱情,那么,生活将真的变成暗无天日、遍地荒冢、布满尸体的荒野,变成阴森可怕的地狱,而严峻的但丁在诗歌中天才描述的地狱形象也会相形见绌。"①

你认真想一想这个问题吧:如果把幸福只归结为爱情,那么生活将如地狱一般。如果说在别林斯基时代,不能局限于个人幸福,那么,在我们今天这个时代如果这样做,必然将自己陷入个人感伤和悲痛的狭小天地里。如果说别林斯基在当年就已经看到,"除了内心世界"还有"伟大的生活世界",而在那个伟大的世界里,"思想变成事业,高尚感情变成舍己为人的行为"②,那么在我们这个时代里,这种世界不仅展现在个别人面前,而且展现在全体人民面前。当人们面前除外在美以外,而且展现出人的丰富的内心世界,包括人的尊严、人的才能和社会活动的时候,性欲才具有人与人之间的道德联系、道德义务的性质。建立在性欲之上的幸福,这是一种动物的情欲,它使人变得愚蠢和轻率。要使爱情成为人的豪迈行为,他必须达到道德高度发展的阶段。首先要确立自己生活的崇高目的,为达到既定目的而精神焕发地去克服各种困难。当为实现崇高目的所进行的斗争成为真正的激情时,那么性欲就不再成为目的了,你所钟爱的人也会成为共同斗争中的战友。性欲不再是目的,它使人变得更高尚,使人的思想置于情欲之上。对个人幸福和全人类的幸

---

① ② 选自别林斯基的文章《亚历山大·普希金作品选》。见《别林斯基文集》第3卷,莫斯科,文学出版社,1966年,第230、266页。

福的真正范畴的理解丝毫没有贬低人,没有使人沮丧,相反,提高了人的思想,因为这种认识激发他们要用高尚的精神需求去充实自己一生的愿望。

对个人幸福和人类幸福一致性的正确理解,能预先防止由一些微小的纠葛和个别的不和睦而演变成的"悲剧",免使生活遭遇不幸。在我们的生活中这种令人同情的、有损于人的尊严的"悲剧"屡见不鲜。年轻夫妇之间常出现"尴尬的局面"和"难以解决的矛盾",其原因大都是人们按照其个人意愿组成了一片小天地,不言而喻的是,他们在这片小天地中到处碰壁,缺少赖以寄托的宽广高尚的情怀。有些年轻夫妇的精神生活中只有爱情,他们常常因为一些微不足道的小事伤害自尊心,或几个星期互相不说话,让这些小事伤害自己的心灵,有时还故意火上浇油,使其激化。这是悲剧,双方都竭力找出什么"观点不同""性格不合"等原因,实际上,这些人根本没有做好精神心理交往的思想准备,在没有确定个人幸福的范畴之前,就不应该结婚,希望你能以此为戒。

几个星期以前,我们区的检察长和我谈起一起离婚案件。年轻人在一起刚生活了两周便发生了争吵,"蜜月"的幸福蒙上了阴影。争吵的起因简直令人发笑:新婚夫妇因为对电视机放在什么地方没能达成一致意见……于是争吵不休,两个人得出结论,彼此性格不合,无法继续家庭生活。在法院里,一位聪明的妇女——人民陪审员帮助他们解决问题。正如俗话所说,帮助他们解开了缠在一起的线团。小两口难为情地回忆起吵架的起因,深感羞愧。如果把小事夸大,将小事说成"世界大事",如果一个人的所思所想,他的眼光没有任何崇高目的,那么他会堕落到何等地步。

  对一个人来说,最重要最艰巨的事情是,在任何情况下都应该不失为"人",要永远做"人"。

  祝你健康,精力旺盛!

  拥抱你,吻你。

你的父亲

第十七封信

亲爱的儿子：

你好！

你要我教你"怎么样尊重姑娘的女性美"，要我解释什么是女性美。这件事令你不安，我感到非常高兴。要记住，对待妇女采取什么态度，这是衡量道德的一个尺度。马克思说过，根据这种态度，可以判断一个人的一般文化水平。对待妇女蛮横无理的人，会对一切都武断无礼。女性美是人类美的最高体现，在这种美中，可以看到新生命的诞生，看到美好事物的生长、开花和凋落。妇女是生活的体现者和创造者，她对人类的未来怀有最高尚的道德感情。尊重妇女，这就意味着尊重生活。真正的女性美，集心灵美和身体美于一体，在劳动人民之中产生。在劳动人民看来，女性美除包括这两种美之外，还应该包括女性的柔弱，这种柔弱使妇女有权享受男人的尊敬和关怀。

女性美越来越成为整个人类美的主宰。如果妇女理解并珍视自己在建立新生活中的特殊作用，她就不可能是不美的。有多少姑娘她们并不具有鲜明的外表美，然而她们的魅力却令人神往，这就是因为她们具有女性美。首先，要善于看到并珍视这种女性美。

女性美——这是道德纯洁和品行高尚的最高体现。这些特点表现在能以纯洁的感情对待同男人的一切道德美学关系。男人不尊重这些关系的所有隐秘的方面，这对道德高尚的妇女是极大的侮辱。

成为母亲之后，女性美像一朵盛开的鲜花焕发出全部的力量和美。要记住，男人的道德越高尚，妇女同他相处时所发挥的作用就越大，她能巧妙地利用自己的女性美来加强自己在家庭中的道德威信。在一个美满的家庭里，妻子／母亲通常是道德的指导和主宰，丈夫／父亲越是服从妇女的意志，孩子就越容易教育好。这一切你应该铭记在心。

女性美——这是妇女的一种精神力量，它不仅是教育子女的力量，而且是教育丈夫的力量。这一点你在我们家看得很清楚。假如没有你母亲，你和其他孩子就不可能对善与恶如此敏锐，也不可能这样富于人情，这样富于同情心。

大自然和人类发展的历史进程赋予妇女的工作比男人的更精细、更富有情趣。我们喜欢妇女的柔弱，这没有什么奇怪的。但是，只有柔弱和巨大的精神力量结合起来的时候，这个特点才具有优势。女性美的魅力就蕴含于这种微妙的结合之中。在管理家庭中，在相夫教子之中，妻子意志坚定，始终如一和言行一致，所有这些优点都保障妻子在确立良好的家庭声誉中起主导作用。

许多男人的内心深处残留着封建思想，青年人也有，应该同这种思想做斗争。青年人结了婚，有了一份不错的工资，就立刻要妻子放弃工作。他认为，他能为妻子带来莫大幸福。妇女应该把时间用在厨房中琐碎的不动脑筋的活儿上，就像列宁所说的那样，这些活儿使女人成了家庭奴隶。有志气、意志坚强的妇女们不允许这样对待她们。一些性格柔弱、缺乏坚强精神的妇女常常表现出自愿同意丈夫在智力上居于自己之上：认为丈夫应该提高自己的学识，应该学习，妻子应该伺候丈夫。这样做，不仅对妇女是危险的，而且对丈夫也是危险的。如果你未来的妻子感到并承认你比他优越，并经常附和你，那你应该感到担心，这可不是一件好事……女性美的确立和发展，在很大程度上取决于妻子的智力发展，决定于她能跳出家庭小天地多远。聪明的丈夫恰恰是竭力使妻子有丰富充实的精神生活，使她在家庭的精神生活中处于平等甚至是优先的地位。

如果妻子善于利用自己的长处树立自己在家庭中的道德威信，那么她的女性美会不断增长，在丈夫的眼中，她就会有特别大的魅力，她那双美丽的眼睛和面容任何时候也不会失去动人的力量和内在的精神美。她把自己的智慧、自己的精神发展作为影响丈夫和儿女的一个重要手段。

我认识一位具有小学文化程度、聪明的、意志坚强的妇女，她和一位受过高等教育的农学家结了婚。她不仅不落后于丈夫，相反，由于自己意志坚强，在家庭精神生活中还获取了牢固的领先地位。从家庭生活的最初日子起，她就开始阅读有关农业技术、土壤学和化学等方面的科学普及读物，以及文艺书籍。她认识到，能否同丈夫进行精神上的交流，这将取决于她能给丈夫多少帮助，能否以他的兴趣为重，此外，还取决于她能对丈夫的精神生活施加多少影响。天生的智慧不仅帮助她理解了所读的东西，理解了丈夫的想法和困难，而且使她在农业方面表现出非凡的创造性。她提出的一些建议内行、有见地，令丈夫惊讶不已，她之所以能做到这一点，在很大程度上因为她是个聪明的、善于思考的勤劳的女人。

她在甜菜小队劳动，自由时间都用来读书。她的知识兴趣的范围随着读书越来越广。两个孩子相继上了学。母亲能轻松地帮助孩子们学习低年级的课。当孩子们开始学习代数、化学和几何时，母亲感到不能帮助他们，这将削弱母亲对孩子们的道德影响——因为他们已经习惯了，认为母亲无所不知，无所不能。她决定一步也不落后于孩子们。她做得非常好，以至于孩子们都坚信，不是母亲在向他们学习，而是他们在向母亲学习。

她学习了中学的所有课程。她在家庭精神生活中的主导地位得到巩固。所有这一切都是她付出巨大努力的结果。

某些妇女对她的这种求知欲望有自己的解释，他们认为玛丽亚力争不落后于丈夫，为的是不失去丈夫。对这个非常复杂的现象做如此庸俗的解释是有一部分道理的，但是这只是道理的另一个方面。由于玛丽亚具有很高的人类自尊感，因此她认识到，为了获得精神财富，获得美，获得具有真正价值的家庭生活，她应该成为受人尊重的、具有魅力的女人。她意识到，没有丰富的内在的精神美，美很快就会在丈夫眼里黯然失色。这个妇女正确地确定了精神兴趣的范围。她在这个范围内的作用不断增长，从而使她处于家庭精神生活的中心。因此，她一生都保持着女人的魅力。

如果你希望你未来的妻子始终成为你唯一所爱的人，那你就要在生活中使你妻子的精神财富不断得到充实。

祝你身体健康，精神愉快！

拥抱你，吻你。

你的父亲

第十八封信

亲爱的儿子：

你好！

你正在催促我写一部完整的论文集。论文集中先谈友谊和爱情，然后谈女性。现在你请我谈谈父辈的审美观点。那好吧，我就来谈谈这个问题，不过我希望你能将我的话铭记终生。

自从出现人类的那个时候起，从人对晚霞的绮丽景象出神地观赏那一时刻，人就开始审视人的本身。美——这是人性的深刻体现。它是我们生活的快乐。人之所以成为人，是因为他看到了高远蔚蓝色的天空，夜空中闪耀的灿烂星光，满天耀眼的金色彩霞，刮风天前被落日映红的黄昏，海天相连处那若隐若现的海市蜃楼，茫茫无际的草原，三月积雪里凛冽的阴影，在辽阔天空中飞翔的群鹤，在阳光下灼灼发光的颗颗露珠，阴霾天气里的绵绵秋雨，丁香树丛里的紫色云团、娇嫩的向日葵细秆和蓝色的风铃草——他看到了展现在他面前的大自然的一幅幅美丽的图画，他感到十分惊讶，他走在大地上，致力于创造新的美。假如你惊叹大自然这绮丽的美景，流连忘返，那么，你的心中也将会绽开高尚的美的花朵。

人是最崇高的美的化身，女性美是人类美的最高境界。伟大的诗人荷马、但丁、莎士比亚、歌德、普希金、舍甫琴科、密茨凯维奇把对女性美的炽热情感倾注在不朽的艺术形象之中。他们在作品中歌颂的那些曾让他们自己钟情热恋过的女性的美，成了许多代人爱情、道德、情感的准则。女性美并不是由性的本能所引起的，也不是什么与性的要求不可分离的东西。你把别林斯基下面的一段话记在笔记本上，并把它记住："这是一个非常美丽的年轻妇女，在她的面容上您看不出有什么特定的表情——这不是情感、心灵、善良、爱情、自我牺牲、思想、意向的高尚性的体现……她只是美丽、可爱、生气勃勃——仅此而已。您没有爱上这个女人，也不希望被她爱上。您静静地欣赏她优雅的举止和轻盈的姿态，与此同时，在她的面前，您的心不知为什么却跳得更加强烈，而且温柔、幸福地和谐，刹那间在您的心中发出娓娓动听的声音。"[①]

人的外在的美体现了我们对美的概念的认识。外在的美不仅是指人类学所说的人的身体的各个部分的完美，也不仅是指身体的健美。这是内在的高尚精神的体现，即内心情感与思想的充实、道德尊严、对别人对自己的尊重以及谦虚的品德。人的眼睛往往是人的

---

① 《别林斯基全集》第 7 卷，莫斯科，苏联科学院出版社，1953—1959 年，第 322 页。

精神生活的中心，折射出人的思想，表达人的感情。人的道德修养和一般精神文明程度越高，他的内在精神世界在外表上的表现就越加鲜明。

内在美和外表美的统一——这是人的道德尊严的审美表现。人追求美，更多地追求外貌，看上去很美，这没有什么不好的。然而我认为（不知你怎么看），这种愿望必须具有道德规范。这种道德规范取决于人的这种美在多大程度上反映了创造活动的本质。人的美只有当他从事自己所喜爱的活动时，并就其性质来说这种活动强调人的个性所特有的某种好的品质，这种美才体现得最为突出。这时，他的外貌似乎由于其内在的精神而更显光华。米隆[①]的铁饼运动员的美，体现在内在精神力量与强健的体魄结合起来的那一时刻，这并不是偶然的。正是在这种结合中凝聚着他的美。一个正在思考如何去进行创造的少女的美比起一个慵懒度日的少女来要瑰丽得多，深刻得多。你应该记住，游手好闲是美的大敌。那些从事劳动的人——联合收割机手、拖拉机手、飞机驾驶员、果木园艺家才是真正的美。内在精神美，在理智受到鼓舞、被创造之光所照耀时，使得学者、思想家、诗人和发明家显得神采奕奕，焕发出智慧的光彩。如果你希望美，那么就忘我地去工作吧，直到你感觉到自己已经成为一名创造者，一个工作能手，成为自己理想事业的主人。去劳动吧，它使你在劳动中感受到人的最大幸福，即创造的幸福，它使你

---

① 米隆（生于约公元前50年），是古希腊的雕刻家。他塑造了运动会上的竞技者、胜利者的雕像。"掷铁饼者"。原作已丢失，复制品收藏于意大利国立罗马博物馆等处。

的眼睛由于劳动而放射出激情的光彩。

美是灵感的伴侣。贡恰尔有一部叫《向日葵》的优秀短篇小说。作品中讲述了一位雕塑家，他受人委托雕塑一位少女——向日葵高产能手的半身像。少女的脸长得不好看，雕塑师看了都感到惊讶。少女的容貌不能激发雕塑师的灵感，于是他拒绝了这件工作。一次在去火车站的路上，雕塑师经过一片正开着花的向日葵地，在这里他看到了自己雕塑作品的主人公，姑娘正在劳动。然而此时她的面庞看上去与上一次见面时截然不同。少女的脸因劳动的美感而显现出光彩，从外表中流露出内在的美。雕塑师禁不住高声说："她真美！"这时在他的想象中已经塑造出少女面部的特征。

外表的美有其内在的道德根源。为人们所喜爱的创造可以使人变美，可以改变人的容貌，使其变得清秀而富有表情。

繁难，就是通常人们所说的"创造艰辛"，也可以创造美。正如悲伤使人的面部布满深深的皱纹一样，"创造艰辛"是使人的面孔变得美丽的最精巧最熟练的雕塑家。反之，内心的空虚也可以使人的面容变得迟钝、呆板和冷漠。

如果内在精神的充实创造人的美，那么，无所事事，更甚至不道德的行为将会使这种美毁灭。当你在一个大的集体中同许多青年人接触时，在许多清晰地留下记忆的面孔当中，你看见一些没有什么能引起你注意的面孔，这些形象隐约出现，给你一个模糊的印象，又不十分清晰。同样道理，精神的空虚会给人一个模糊不清的形象。

不道德的行为可以使脸变得丑陋。说谎、假仁假义、空谈的习气都会使人逐渐形成一种呆滞的神色；他回避直视别人的眼睛，因为在他的眼光里，很难看到思想的真诚直率的表达。阿谀奉承、奴颜婢膝不仅使眼睛、面孔表现出卑躬屈膝，而且给整个外表举止也留下了印迹。人要做自己的主人，要珍视自己的尊严，这才是真正的人类美的新鲜血液。

人类美的准则，这同时也是道德的准则。健康的体魄、崇高的道德和高尚美感的统一，这正是我们通常所说的那种和谐。如果爱情不能使人变得美好，不能使人的情感变得崇高，那么也就不能使我们的生活变得更美好。在我们的社会里，千千万万人中的每一个人，形象地说，他们的内在美都在闪光，这将是人类美的顶峰。

我坚定地相信，到了共产主义，所有的人都将是美丽的。我相信一定是这样的，因为人的内在美和外在美将同时绽开花朵。

你是自己精神美的创造者，你的美将感染和影响你周围的一些人。

给你寄去格林的《选集》。这本书不仅要用脑子去读，而且要用心去读。不仅要逐字逐句地去读，而且要领会它的精神。

祝你身体健康，精力旺盛！

拥抱你，吻你。

你的父亲

第十九封信

亲爱的儿子：

你好！

收到了你从农庄寄来的信。五年期间，你至少可以去乌克兰的五个州，这会使你更好地了解农村。你在来信中写道，在你工作的村子里，审判了一名过去的警察——一个祖国的叛徒，他在20年前曾迫害过苏联人，杀死并折磨过游击队员、老人、妇女和孩子。你感到吃惊的是：一个生在苏维埃国家，并在社会主义制度下成长起来的人，怎么会突然成为祖国的叛徒，这怎么可能呢？你感叹地说："要知道，生活本身在教育人啊！"

问题就在这里，我坚定地相信这一点：不是生活本身，而是人在教育人。生活只是帮助人。我给你讲一段历史，从中你会明白，背叛者是怎样产生的……

不久前，在我们区的一个村子里住了一个人，他的命运是可怕的，同时也是富有教益的。

　　这事发生在战争初期。战火笼罩着整个乌克兰，法西斯强盗野兽般地从西面扑来。我们的军队撤退到第聂伯河的对岸。在八月的一个寂静的早晨，敌人的摩托车队开进了这个人居住的村子的主要街道上。人们都躲藏在屋子里，孩子们不敢出声，畏惧地向窗外窥看。

　　突然，人们看到一件令人难以置信的事。这个人走出屋子，他身穿绣花衬衫，脚蹬擦得闪光的靴子，双手捧着放在绣花毛巾上的面包和盐。他向法西斯匪徒做出谄媚的微笑，把面包和盐端上前去，鞠了一躬。一个长着红黄色头发的小个子上等兵故作仁慈地接过了面包和盐，拍了拍叛徒的肩膀，并请他抽了一支烟。

　　这个人殷勤招待敌人的丑态，整个村子都知道了。人们的心中燃烧起仇恨的烈火，握紧了拳头。后来人们开始思考：这个人是谁？是什么使他走上了危险的背叛道路？人们回忆起他祖先的家谱，回想起他的童年。怎么可能是这样呢？要知道，他才是个20岁的青年，也许还是一名共青团员。可是，等一下，他叫什么名字？姓什么大家都是知道的。因为每个人的姓随父母，可是他叫什么名字，却没有人知道。大家对他的母亲，集体农庄庄员亚林娜都很熟悉，所以人们从这个人小时候起都叫他亚林娜的儿子。大家开始思考：究竟什么原因促使这个年轻人走上了背叛的道路？然而关于亚林娜儿子的情况谁都说不清楚。邻居说他是一个娇生惯养的孩子。父母只有这么一个孩子，他生活得无忧无虑，过着衣来伸手、饭来张口的日子。每天睡到吃午饭才醒，在床旁边的桌子上放着母亲精心准备的鲜牛奶、白面包、酸奶油……别人家教育孩子从小就养成劳动习惯，天刚亮就喊醒他们，让他们到地里去干活。可是亚林娜却溺爱自己的"宝贝儿"（亚林娜就是这样称呼他的孩子的：我的宝贝儿，我就你这么一个可爱的宝贝儿！），母亲不让他劳动，什么也不让他操心和牵挂。

你看，这就是生活在教育……一切都取决于人对待生活的态度，取决于生活将用哪一面来影响人的心灵。

这个孩子在学校里上到六年级。后来开始感到学习吃力，于是母亲决定：别让孩子为学习再受罪了，最主要的是身体。在18岁以前，这孩子一直闲逛游荡，并已经开始去找夜校女学生，迷恋上姑娘们了……大家回想起，战争爆发前两年，有一个很美的姑娘的母亲来到亚林娜家，来时脸上挂满了泪痕。她们谈了一些什么，谁也不清楚。村子里只知道，黑眼睛漂亮的姑娘从此不再出门了，后来在医院住了很久，姑娘的美消失了，黑眼睛闪烁的火花也熄灭了。后来，邻居得知，亚林娜把自己的"宝贝儿"送到一个很远的农庄的一个养蜂的叔叔那里去了。村子里传闻，亚林娜的儿子生活得逍遥自在，吃的是面包、蜂蜜，每天晚上，有一个梳着淡褐色辫子、蓝眼睛的漂亮姑娘来到一棵高大的白杨树下同他约会。有一次，亚林娜病了，捎信让儿子回来，因为家里的许多家务事需要他帮助料理。儿子回来了，在家里待了三天。看起来，他干的活并不轻：担水、劈木柴、割草……后来他又回到他自己住的农庄去了。

你看，生活在教育……要知道，亚林娜疼爱自己的儿子到无微不至的程度，可是儿子又是怎么报答她的呢？假如生活本身在教育他，那么母亲的爱应该培养起儿子爱的情感。然而，生活中并非这样简单。有时候，爱也可以转变为严重的不幸。

在艰苦的岁月里，亚林娜的儿子什么时候又是怎么回到村子里的，谁也无法说清楚。黄昏时，老人和妇女们坐在枝叶茂盛的樱桃树下谈论着这件事。有一个念头使他们始终感到不安，那就是他长得像谁呢？法西斯匪徒占领村子才三天时间，亚林娜的儿子已经戴着警察的臂章在村子里到处走动。

70岁的尤希姆大爷说："我们猜测，我们反复思索，但是心情并不因此感到轻松。他怎么会变成一个如此卑鄙的家伙呢？是精神空虚。这个人百无聊赖，对一切事物都失去了感情，精神没有任何寄托。他无论是对自己的母亲还是对自己家乡的土地都无动于衷，麻木不仁。他并不因为自己祖先的土地的失陷而战栗过一下。在故乡的土地上他没有流过一滴汗水，他没有给家乡的人们创造出任何财富，他没有耕种过家乡的土地，他的双手没有经历过艰苦而愉快的劳动，自然磨不出茧子，结果就长成了荆棘。"

这些话不胫而走，辗转传说。这时亚林娜的儿子已经成为法西斯的忠实奴仆。他帮助敌人把人们驱赶到德国服苦役，协助法西斯强盗抢夺庄员的财产。人们都说，在亚林娜儿子那里发现了被杀害的游击队员的衣服……漂亮的黑眼睛姑娘的母亲咒骂这个法西斯奴才，并直截了当地说出，就是他把她的女儿送往德国服苦役去了。

亚林娜最可怕的日子来临了。她看到，人们都鄙视她这个败类儿子，也同样鄙视她。她曾试图规劝自己的儿子，多次提醒他苏维埃政权恢复之后是会惩治他的。然而，儿子却威胁母亲说："你知道吗，他们怎样对待不同意新秩序的人？""那我就不再认你是我的儿子！"母亲说完就离开了家，到妹妹家去住了。

可怕的占领时期结束了。在十一月的一个清晨，苏联军队给人们带来自由。激烈的战斗在村子旁边迂回进行。亚林娜的儿子没有来得及同自己的主子一起逃跑。后来，亚林娜的儿子得到了应有的审判，被判处七年徒刑。

七年过去了。亚林娜的儿子从监狱放了回来。这时他的母亲已卧病在床，生命垂危。亚林娜请所有的亲戚和村子里德高望重的老人来到她的床边，唯独不准许自己的儿子走近她的床前。临终前，亚林娜说："亲爱的乡亲们！不要把这块沉重的石头压在我的心上吧！不要再把这个人当成我的儿子吧！"

儿子站在屋子中间，无精打采，满不在乎，对母亲说的话并不以为意。于是尤希姆大爷就替大伙说："亚林娜，就照你要求的那样去办吧！我们不会把这块沉重的石头压在你心上的。这辈子就让他像一条丧家犬到处流浪吧！不仅谁都不说他是你的儿子，就连他的名字我们也都忘掉了！"

尤希姆大爷的话看来是有先见之明的：即便过去对这个叛徒的名字少有人知，大家全都叫他亚林娜的儿子，现在索性把他的名字完全忘掉了。管这个 30 岁的人叫什么的都有。一些人叫他卑鄙的家伙，另一些人叫他是没有灵魂的人，还有一些人叫他是丧尽天良的人。他住在父母的屋子里，无论是谁都不去他那里。邻居们也不让自己的孩子们走进这个"无名者"的家，这是全村的人最后给他起的名字。

他到农庄干活。人们都躲避着他,不同他一起干活。有一段时间,农庄缺少农机人员,他要求学习开拖拉机,但是找不到愿意与他在一起并传授他知识的人。

亚林娜的儿子成了一个遭人蔑视、没有人理睬的人。人民的审判看来要比监狱厉害得多。他想结婚,但是没有哪个妇女或姑娘肯将自己的命运和他结合在一起。

他想法离开村子。就在这个时候他才看清人民道德的全部力量。他开始明白,背叛祖国的人是永远不会得到宽恕的。

从那时起又过了两年。"无名者"头发长得乱蓬蓬的,就像一个百岁老头儿,他的眼睛也不知怎么看不清了,人们都说他精神失常了。他整天坐在院子里,好像是在晒太阳。他自言自语,也不知说些什么。没事总在地里翻掘,找一些草根之类的东西充饥。有人出于怜悯,常常夜里给他送去面包和菜汤,放在老梨树的大树墩上,"无名者"清早贪婪地把它吃掉。

有一次我正好到那个村子去。我坐在村苏维埃主席的办公室里,这时进来一个年老体衰的人——看上去有七十岁左右。"这就是他,'无名者',他现在39岁……听听他想说些什么。"村苏维埃主席小声说。

"无名者"声音嘶哑,内心沉痛地恳求说:"让我随便到什么地方去都行,我不能再在这儿住下去了。送我到养老院或随便哪个收容所吧!如果不送我去,我就吊死。我知道我咎由自取,应该受到人们的鄙视和诅咒。我希望在临死前能听到哪怕几句仁慈的话。在这里大家都知道我,我只能听到诅咒。"

人们怜悯他，把他送到了养老院。那里谁也不知道他的过去，对待他就像对待一位理应受到尊敬的老人一样。听说，他高兴得像个孩子。当需要他为集体做点事时，如整理花坛或挑选土豆，他都争着去做。可是后来关于他过去的事不知怎么传到了养老院，人们对他的态度立刻迥然不同了。关于这个人的过去，没有人愿意提起，可是大家都开始回避他。两个和他同住一个房间的老人要求搬到别的房间去，于是只剩下他孤独一个人。在年末一个寒冷的深夜，他突然杳无踪影了，至今也没有人再见到过他。

　　我希望，这个"无名者"的可怕命运能促使年轻人从旁观察一下自己，看一看自己的心灵，扪心自问：在我们苏维埃的生活中什么对我才是最珍贵的？我是怎样同人民保持联系的？过去我是如何得到，今后又将如何得到人民的尊敬？

　　你也应给自己提出这些问题。思考一下：如果一个人在心灵中没有一颗神圣的火种，使人得到幸福的火种，这火种就是对人民的热爱，那么他就等于自己把自己推向孤独的深渊？为什么一个诚实的、热爱劳动的妇女，她的儿子会成为叛徒？难道他没有过愉快的无忧无虑的童年吗？从表面上看，母亲为儿子安排了足够幸福的生活。然而，这是什么样的幸福呢？她又是如何来安排的呢？纵情享乐成了孩子的幸福，利己主义的欲望压倒周围的世界，使他变得冷漠处世。这些个人的东西就像一堵墙似的把他同人民的欢乐与苦难隔开，所以年轻人的心变得像铁石一般的冷酷无情。如果一个人把寻欢作乐看作是唯一的幸福，如果人与人的关系只是想从他人那里索取什么，那么就不可能培养出具有诚实和同情心的公民。

给儿子的信

人的个性的核心是心灵中至高无上的东西,是比生命更宝贵的东西,这就是忠诚、自尊和苏维埃公民的自豪感。爱祖国、爱人民——这是两股急流汇合而成的一条浩瀚的爱国主义大河。不要忘记,在你的一生中将会有这种时刻,就是要求你表现出一个公民的勇敢和坚强,并准备贡献出自己的全部智慧和力量。要求你对下面两种命运做出抉择,即一面是快乐和幸福,另一面是巨大的困苦和忘我精神,以至于要为了人民的生命和幸福牺牲自己的生命。要准备在需要的时刻,受命于危难之际,毅然走第二条路,为人民的利益而献身。你知道,在我们学校的光荣榜上悬挂着18岁的青年列昂尼德·舍甫琴科的肖像。在开垦荒地的第一年,他志愿到哈萨克斯坦去当一名拖拉机手,后来为了保护社会主义财产,他牺牲在自己的战斗岗位上。在他的肖像下面有一句印度名言:"人的一生犹如一块铁,如果使用它,铁就会磨出光泽,如果不去用它,锈就会把铁侵蚀。"让你的这颗心放射出灿烂的光辉,既照亮自己,也给孩子们照亮前进的道路——这才是生活幸福的所在。可是,如果你的心被锈侵蚀,要记住,你将注定要毫无价值地、苟延残喘地活着。列昂尼德·舍甫琴科在燃烧和腐朽之间选择了前者。在1956年2月的寒冷的一天,他和同志们一起开拖拉机到距离农垦农场50公里远的地方去拉干草。在返回农场的路上,暴风雪突然猛烈袭来,本来可以把拖拉机扔下,到离大道不远的畜牧场老乡家里躲避一下。然而,列昂尼德·舍甫琴科没有把拖拉机扔下不管。他对同志们说:"你们走吧!等暴风雪过去了你们再回来!我留在这里,我得把发动机烧热,因为如果把机器停下来,以后就是用一天一夜也甭想把机器发动起来。可我们是来运草的，牲畜没有饲料……"暴风雪转成了风暴，更加寒冷了。人们已无法走近拖拉机队。过了一昼夜，同志们在驾驶室里找到了这个青年，他已经冻死了。可是他冻僵了的双手还紧紧地握着方向盘。

前面所说的那个背叛祖国的"无名者"和这位保卫人民财产、使几代青年引以为荣的18岁青年，都同样生长在这块土地上，成长在邻近的村子里。为什么他们的命运竟如此大相径庭？其原因在于，一个人，如常言所说是苟且偷生，而另一个人爱祖国，爱人民。这还因为，没有名字的人的母亲不让自己的儿子为世界上的事情分忧，供养了他，对他百依百顺，宽容放纵，让儿子尝尽人生乐趣，母亲将此看成最大的快乐。然而列昂尼德的母亲却是这样教育自己的孩子的：你生活在人们中间，要记住，你给人们带来快乐才是你最大的快乐。我回忆起列昂尼德的幼年和少年时期的生活。这个孩子像千千万万其他的孩子一样的平常：课间休息时淘气，和同学们打架，玩弹弓。但这些东西不是人的精神生活的核心。最重要的是，人在幼年时体验到最大的快乐，那就是为人们做好事的快乐。在列昂尼德家旁边是拖拉机队。拖拉机手们经常躲在木制驾驶室里避雨。因为周围是一片空旷的田野，炎热的天气，人们没有地方去乘凉。于是母亲对孩子们说：咱们给大伙种棵核桃树吧！当时才7岁的列昂尼德也参加了劳动。拖拉机手们非常感激，孩子们也都很高兴。现在距离那个时候已经有14年了，核桃树枝叶繁茂，茁壮成长，在炎热的日子里，人们都到树荫下休息。

我看着你的眼睛，我的孩子，并且在想：你为大家做了些什么？把你和劳动人民联系起来的那条线在哪里？从永恒的无限的美（革命的成果）中汲取营养并滋润你充实的精神，它的根在哪里？是什么给你的生活带来最大乐趣？五一节的时候，你和同学们开着拖拉机连续在地里干了两天活，就是为了让老拖拉机手能够休息几天。你下班时感到疲惫不堪，满脸都是灰尘，但是心里却感到十分愉快和幸福，因为你为大家做了好事并从中得到快乐。你往地里运送了二十多吨肥料，结果让寸草不生的不毛之地变成了肥沃的良田。当你望着自己的土地时，你的眼中闪烁着人的自豪的火花。然而这火花能够永远保留下去吗？这就是我感到担心的。

在我们整个人民的大花坛里，千万丛蔷薇花要比那些零乱生长的猪蓬草或曼陀罗更娇美更艳丽，人们见到那些野草感到不快。猪蓬草和曼陀罗可以拔掉或从花坛中起走，然而人却不能被摈弃于社会之外。应当关注使野草不再生长，使每颗撒进肥沃土壤里的种子都绽开出美丽的花朵。

一年前，我们区有一个集体农庄的庄员们被一个前所未闻的消息激怒了：大田生产队长命令司机往沟里扔下好几吨化肥——以便减轻负载。队长和司机都是青年人，早在战后就一起加入了少先队，曾宣誓要忠于共产主义崇高理想；后来又一起加入了共青团。在我们这块美丽的土地上，这两人的所作所为，同前面所说的背叛祖国的"无名者"，同丧失人性的刽子手没什么两样，他们所犯罪行的程度，当然有所不同，但是他们作恶的根源却是共同的，就是道德变态，也就是人们所说的精神空虚。

有一句谚语："近朱者赤，近墨者黑。"这是千真万确的，但是也不尽然。有时一个人似乎没有谁教他做什么坏事，也没有看到他有什么不道德的行为，可是他却成了一个卑鄙的家伙。全部问题在于，正如实际情况所表明的那样，谁也没有教他学好，也没有教他学坏，结果他就像荒地上的莠草一样生长起来。

  如今我们能想象到的一种最危险的东西——精神空虚就这样产生了。谁也没有教"无名者"去背叛祖国，欺压群众，但他所以变成那样，正如尤希姆大爷所说，是因为他的那颗心无论是对自己的母亲，还是对家乡的土地都无动于衷，他没有耕种过家乡的土地，也没有为家乡的土地流过一滴汗水和尽过一点义务。如果对一个人既不教他学好，也不教他学坏，他就不能成为真正的人。为使人类的一个幼小生命成为一个真正的人，只能教他学好。

  祝你健康，精力旺盛！

  拥抱你，吻你！

你的父亲

第二十封信

亲爱的儿子：

你好！

你的来信使我很为难，实在不太好回答。你征求我的意见：怎样才能使共青团的小组生活热情洋溢，生动有趣，使"共青团小组活动不使人感到乏味，不会让人期盼活动赶快结束……"。这些问题不太容易回答，这是因为我不很清楚你们的集体怎样开展活动，团员们都有哪些要求和想法。然而提点建议还是应该的。

我很了解共青团组织的这个弊病：聚集在一起开会，又不知道谈什么，讨论什么问题。原因在哪里呢？我觉得，问题在于所有的会议都脱离集体的精神生活，没有集体的争论与辩论。你们的会议只有在非开不可的情况下，换句话说，当你们产生聚集在一起集体思考、展开讨论、互相商量、共同争论的愿望时，会议才能引起大家的兴趣。

在我看来，所有的共青团组织，不管是学校的、农庄的，还是工厂的、大学的，最主要的工作是培养人。要做到使共青团会议成为自我教育的学校。培养才智和生活经验，培养情感，培养公民义务感，培养良好的道德品质——所有这些任务通过适当的活动形式体现出来，在这些活动中要使每个青年人看清自己，认识自己，思索自己的命运，为自己的前途感到激动和忧虑。与此同时，还要使自我意识同追求理想结合起来，使每个人都有奋斗目标。我坚信，大学和大学生共青团组织的最重要的教育任务是形成世界观，确定人的思想目的性，而这就要从培养才智和智慧开始。思想好比是根，理想好比是幼苗，它可以长成人的思维、活动、行为、激情、热情、争论的大树。我认为，共青团组织应该教会每个青年人了解最重要的生活的睿智，就是要使自己的思考接近对理想的认识，并且要在自己的实践活动中争取理想的实现。在共青团组织中，可以看到这样一种非常奇怪的现象：大家什么都谈论，甚至包括心里想的有关形成世界观的一些非常复杂的问题，而谁也不谈论有关智力教育的问题。要知道，一切都从这里开始，这是一切的根本……

是的，然而怎样进行智力教育，形成世界观，提高思想水平，树立崇高的理想呢？先从哪里入手呢？

达·芬奇曾说，经验是智慧之母。铁器如果不使用会慢慢生锈，死水容易变污，而且寒冷时容易结冰，人的才智如果不运用，就会变得枯竭。你们想一想，可以就这个问题进行讨论：什么是我们的生活经验？我可以肯定地说，这将是非常有意思的一场讨论。这是因为，你们当中的每一个人看来都只是从一个方面去分析自己。你们将对自己的所作所为进行思想分析。这场讨论将涉及思想，谈到理想，然而这一切都离不开个人的感悟。在关于生活经验的辩论中，每个人都把自己所做的事情加以总结，但是这个总结不可能没有个人的自我评价。这种讨论的重大教育意义恰恰表现在这里。歌德曾说，追求实际目的的、强大的智慧是世界上最卓越的智慧。分析总结自己的经验要着眼于实际目的。因为你们的全部学识，你们全部的智力劳动都是为了实现下面这样一些实际目的：成为好的公民，好的创造者；成为一个正直诚实的人，头脑清醒，心灵纯洁的人；成为有一双灵巧双手的人。你们要好好想一想，你们是怎样争取成为一个好人的。你们读些什么书？什么能激发你们的情绪？在你们的智力劳动中是不是具有深入钻研的精神？我提议把阿·弗兰斯的名言作为对你们讨论的赠言："要想消化知识，就要如饥似渴地去汲取知识。"

你们应该具有创造者的智慧。什么是创造者的智慧呢？这就是要将世界观落实到行动中去。你们在大学学习，一般来说应该具有这样的特点：你们在思考时，不仅要认识和解释周围世界，而且应该知道肯定什么，为什么而奋斗，去捍卫什么。一位大学的共青团干部对我说："很难把大学共青团组织的工作安排得使每个男女青年都能参加某项具体的活动。我们是'纯粹的思想家'，我们同生活能有什么直接的联系呢？"

荒诞不经之谈！要知道，"纯粹的思想家"也有为坚持自己的信仰而去献身的。在分析自己的生活经验时，你们应当回答这样一些问题：我们要肯定什么？捍卫什么？争取什么？我想，在我们的社会里，正是在思想领域内，科学唯物主义世界观同迷信、偏见、思想僵化之间还存在着长期尖锐的斗争。还有人坚信，许多现象有可认识的和不可认识的两个方面，也就是还存在着某些永远不可能再认识和再解释的神秘的超自然的现象。通常只有信仰上帝的人才持有这种观点。应当在他们的思想意识中确立另一种信仰和寄托，即相信人正在一个一个地解释昨天还未被认识的自然界的奥秘和思维的奥秘，而且在认识过程中又不断遇到需要做出新的解释和探索的新的奥秘；相信人在认识了生活最复杂的奥秘的奥妙之后，就能够掌握最大的、永恒的奥秘，即人生的奥秘。这是争取理智的胜利、人的胜利的真正的斗争。别林斯基写道："人赋有智慧是为了人能理智地生活，而不是仅仅为了让他看到自己愚昧地活着。"[1] 你们要用自己为人类而斗争的经验去充实自己，那时你们将知道要辩论什么，讨论什么了。

  一般地说，你们应该在自己的日常生活中坚信一条最重要的科学唯物主义真理：今天还未被认识的，明天将被认识。例如，无线电波的物质本性尚未被完全揭示，而引力的实质被解释得非常模糊，这里还有很多不清楚的地方。正是要在这些自然界奥秘的领域中去为认识科学唯物主义而斗争。要思索，思索，再思索。精神上的营养越丰富，你们的争论就会越热烈，你们对生活经验的认识也将越深刻。

---

[1] 《别林斯基全集》第12卷，莫斯科，苏联科学院出版社，1953—1959年，第197页。

如果你们能去思考那些尚未被认识的事物，那么你们将成为真正聪明的人。托尔斯泰认为，智慧是"所有的人必不可少的，因而也是所有的人所固有的"。"智慧表现在人了解自己的使命和完成这一使命的手段。如果智慧具有这样的特性，即从充满智慧的人那里把智慧转给缺少智慧的人，那就太好了……然而遗憾的是，领悟别人的智慧首先需要独立地工作。"①

因此，对这些哲人的话应该深入地思索。不管你周围的人有多聪明，如果你无所事事，消磨时光，那么，你在人类智慧的长梯中将一阶也攀登不上去。不管你身边展开的辩论是多么有趣，你都要独立去进行思考，只有这样才能变得更聪明些。

我建议你们在共青团讨论会上辩论一下罗曼·罗兰所阐述的智慧的勇气和智慧的诚实。他说："智慧的勇气就在于，在繁重的脑力劳动面前不畏惧。智慧的诚实在于，在真理面前不退缩。不惜任何代价去追求真理，发现真理，鄙视轻率地做出决定和违背心灵的谎言。要勇于独立思考，要做人。"②你们想一想，正如常言所说的，每个人都要老老实实地扪心自问：每当你们在从事脑力劳动时，遇到的困难都能够克服吗？孩子，要记住，在脑力劳动中很容易向困难屈服，放弃艰难的探索，幻想走一条轻松的捷径。你在为公正的真理的胜利，为思想和理想的实现而斗争时能够克服遇到的所有困难吗？

---

① 《列夫·托尔斯泰全集》第41卷，莫斯科—列宁格勒文学出版社，1928—1958年，第43—44页。
② 《罗曼·罗兰全集》第13卷，莫斯科，1953年，第126页。

你看，有关智慧和聪明的许多话题可以辩论，关于思想和理想可辩论的问题也不少。我建议你们就以下这些问题开展辩论："谁是我认为值得学习的榜样""人的理想和理想中的人""道德与美"。我记得，过去我在大学学习时就讨论过这些问题。你们可以尝试一下，并且一定会看到，许多观点都将是针锋相对的。

没有理想就不可能有所前进。没有理想就不可能有青年人的幻想，而幻想是点燃共青团崇高热情的火花。如果你们讨论一下关于理想的问题，那么你们自己就会看到，创造性的思想就像飞翔的翅膀使你们俯视大量的生活现象，并从中找到你们认为宝贵的东西。

这就是我给你们提的关于在共青团会议上应当辩论些什么题目的建议。这样的讨论会当然不同于那种大家都感到厌烦，谁也不想发言的一般的会议，因为总是老生常谈。这样的讨论会将是气氛活跃、兴趣盎然、充满高尚激情的活动。

祝你身体健康，精力旺盛！

拥抱你，吻你！

你的父亲

第二十一封信

亲爱的儿子：

　　你好！

　　你请我就如何经济地和合理地（这完全正确——合理地）利用时间给你提些建议。你抱怨说："工作一件紧接着一件，转眼间一天就过去了。原定要做的事情结果没有做完。"从你的来信中，我清楚地知道，在你的身上，压着一大堆要做的事，就像你说的那样，来不及读完建议你读的书。

　　根据我的经验，向你提出几点建议。

　　1. 第一位的和最主要的（关于这一点，早在去年我就写信给你说过），就是善于在听课过程中节约并积累时间。如果不善于听课，会导致大学生在脑力劳动中出现"紧急动员"的时候。测验与考试的前几天，他就一股劲地死啃课堂笔记本，在测验的时候，就开夜车，一昼夜只睡两三小时。他把每天应当做完的工作都堆积到这

"紧急日子"里来做。据我计算，这种"紧急日子""紧急动员"的日子，一年之中加起来，不少于五十天，这差不多是全年工作时间的四分之一。这里隐藏着时间不够的一个最主要的根源。必须防止这种"非常紧急地"昼夜不眠地啃课堂笔记的做法。要学会在课堂上思考大纲，每天复习笔记，哪怕只用两小时也好。我建议你把笔记分成两项：第一项内记上简要的讲课内容，第二项内记上需要思考的问题，这里要记中心的主要的问题。这是个构架，这门课程的全部知识都连接在这个构架上。这些构架似的问题需要每天去思考。与思考相关联的就是每天要阅读，这是我过去说过的。如果你能按照这个要求去学习每门课程，那你就不会有"紧急动员"的日子了，也就不需要在考试和测验前死啃笔记了。课程的构架是一个独特的大纲，在它的基础上再去记忆这门课程的全部材料。

2. 如果你想有充裕的时间，那你就要天天读书。每天你要仔细阅读几页（4—6页）科学文献，这些文献资料在某种程度上与教学科目都有联系。集中精力阅读，深入思考。你所阅读的内容，就是你用以治学的基础，基础越牢固，越雄厚，学习越容易。你每天读的东西越多，你的时间储备就越充足。因为在你阅读的东西之中，有千百个接触点，这些点同你在课堂上所学的材料连接起来。我把这些接触点称之为记忆的锚。它们把必须学到的知识同围绕人的知识的海洋连接在一起了。

要学会强迫自己每天读书，不要把今天的工作放到明天去做。今天丢弃的东西，明天怎么也补不上了。

3. 要从早晨6点钟左右开始你的工作日。5：30起床，做早操，喝一杯牛奶（不要养成喝茶的习惯，成年以后喝也来得及），吃一个圆面包，开始工作。如果你习惯了自己的工作日从6点开始，那就要再努力提前15—20分钟着手工作。这是良好的内在动因，能促进整天的工作。

清晨起来，上课以前，用功一个半小时，这是黄金时间。凡是早晨我能做到的事，我都要把它做完。30年来，我一直坚持从早晨5点钟开始自己的工作日，一直工作到8点。30本有关教育学方面的书，以及300多篇其他方面的学术论文，都是利用早晨5点到8点的时间写成的。我已经养成了脑力劳动的节律；即使我想在早晨睡觉，也做不到，因为在这个时间我要全身心从事脑力劳动。

我建议你用早晨一个半小时去完成最复杂的创造性的脑力劳动。去思考理论的中心问题，钻研艰深的论文，写专题报告。如果你的脑力劳动带有研究的成分，那只能利用早晨时间去做它。

4. 要善于制定自己的脑力劳动的制度，这具有多方面的意义。我是指事情的主次关系而言。主要的是要善于安排时间去做，不要把它挤到次要的地位上去。主要的事情要天天去做。要确定哪些是最重要的学术问题，你能不能成为工程师，要靠对这些学术问题的理解程度。一系列的问题是相互渗透的，它们贯穿在许多学科之中。主要的学术问题，应当利用早晨脑力劳动时间放在第一位去钻研。要善于寻找那些有关主要学术问题的最基本的书刊资料，并且仔细认真地去钻研它们。

5. 善于给自己创造内在的动因。在脑力劳动中，许多事情并非都是那么有趣，都是你非常想去做的。平日经常的也是唯一的动因就是工作需要。脑力劳动正是从此开始的。要善于把思想集中在理论的细节上,而且要集中到这样的高度,以至于渐渐地把"我需要"变得"我想要"。最有趣的工作总要放在工作快结束时去做。

6. 书刊的大海包围着你。在大学年代,必须很严格地选择你要阅读的书刊。求知心切,酷爱学习的人想读所有的书,然而这是不可能的。要善于限定阅读范围,超出这个范围,那就要违反劳动制度。但是同时也要记住,随时都会出现你预先未列入计划的必读的新书,为此必须有备用时间。正像我已经写给你的那样,这些备用时间是由于善于进行课堂学习,善于做笔记并防止了"紧急动员"而挤出来的。

7. 要善于对自己说:不。大量的活动围绕着你。有科学小组、文艺活动小组、运动队、舞蹈晚会以及许多可以消磨时间的俱乐部。你要善于在多种多样的具有诱惑力的活动中做出果断的抉择,因为假如参与活动过多必定会给你带来很大的损害。娱乐和休息都是必要的,但是不能忘记主要的东西:你是个劳动者,国家在你身上花费了许多钱,因此,占第一位的不应该是跳舞,而应该是劳动。为了休息,我建议你下下棋,阅读一些文学作品。在极度寂静中聚精会神地下棋,这是调节神经系统,使思维条理化的最好方法。

8. 不要虚度时光。我指的是空谈,白白地浪费时间。时常有这样的情况:几个人坐在办公室里,像俗话说的那样,扯起闲篇来了。一个小时、两个小时过去了,什么事也没有做,在这种闲聊中,什么高明的见解也谈不出来,而时间却一去不复返。要善于把自己和同志们的谈话变成充实自己精神世界的源泉。

9. 要学会减轻自己以后的脑力劳动，我指的是要善于建立未来的时间储备。我的方法是必须养成系统地记笔记的习惯。我现在有40本笔记。每一本笔记都是用来记载关于教育学的某个专题方面的思想，这些思想既是清晰的，又仿佛是昙花一现的（这些思想"习惯"于只在头脑中出现一次，不再复现）。我在笔记中记载了我所阅读过的某一方面问题的最有趣的、最鲜明的思想。所有这些都是将来有用的，都能很好地减轻脑力劳动。我知道你也有笔记，但没有形成制度，要建立记笔记的严格的制度，这样将来这些积累必定会有助于学习。

10. 对于每一件工作，都要寻找最有效的脑力劳动的方法，避免公式化和老套子。要不惜花费时间去深入地思考那些同你有关的事实、现象和规律的实质。你对问题思考得越深刻，记忆就越牢固。在没有理解之前，就不要费心去记它，这样做会白白地浪费时间。一看就懂的东西，不必细读，浏览一下就行了。不深入地草草阅读那些尚没有理解的东西是不行的。任何"走马观花""不求甚解"都会迫使你不得不多次回过头来对某些事实、现象和规律予以重新认识。

11. 如果住在同一个房间里的人不能达成协议去共同严格遵守某些要求，任何个人的脑力劳动都不能顺利进行。因此首先必须严格地约定，在一定的时间内严禁聊天、争论或做破坏宁静的事情。在集中精力从事脑力劳动的时间，每个人都必须完全独立地进行工作。

12. 脑力劳动要求逻辑思维和形象思维交替进行。你可以交替地阅读科学文献和文艺书籍。

13. 要改掉某些坏习惯，我说的是：像开始工作之前闲坐 15 分钟、20 分钟；毫无必要地去翻阅明明不需要阅读的书本；睡醒了，在被窝里再躺 15 分钟等不良习惯。

14. "明天"，是勤劳的最危险的敌人。任何时候都不要把今天该做的事情搁置到明天。而且应当养成习惯，把明天的一部分工作放到今天做完。这将是一种良好的内在促进因素，它对整个明天都有启示作用。

15. 任何时候都不要停止脑力劳动，哪怕一天也不要停。夏天不要丢开书本。每天都需要用知识珍品来充实自己，这是脑力劳动所必需的时间来源之一。

这就是 15 条建议，也可以叫戒律，我认为，这 15 条是每个大学生都应当遵守的。

祝你身体健康，精神愉快！

你的父亲

第二十二封信

亲爱的儿子：

你好！

你请我回答三个问题。

1. 到共产主义社会人将是什么样的？我认为未来的人将具有什么最重要的特征？

2. 什么样的品德上的毛病是现代最危险的、最不能容忍的？

3. 依我的看法，在教育青年一代的工作中，最严重的缺点是什么？

第一个问题。未来共产主义社会中的人，已经生活在我们中间。你不能做这样的设想：一个庄严的时刻突然来临，钟声响起，宣告新人的诞生。我给你讲过的谢苗·拉夫连季耶维奇就是一个未来的人。一般的人们都把这样的人称为怪人。我认识许许多多这样的人（恰好，我正想写关于这些人的书）。有这样一个人住在我们村里，离学校不远,你大概能猜到,我说的是伊万·普罗科菲耶维奇。他有一个向大家开放的花园。他是他所在的那条街上的15个孩子的教导员,整个夏天他都在花园里为孩子们忙碌。孩子们在这里制作收音机,玩耍,唱歌,学习拉小提琴……

有一个住在邻近村子里的人。他是一位退伍军官。他领取一笔数目可观的退休金。本来他可以安心地休息了。可是他从早到晚为大家劳动……他是共产主义思想的宣传家。他每天下地,到生产队去,到畜牧场去,去找畜牧场的工人,找农民。向他们讲世界上发生的事情,给他们阅读文艺作品。他直接同人们在生产岗位上工作两三天,然后又到别的生产队或畜牧场。

依我看,共产主义社会的人首先是善良的人,具有爱心的人。去理解别人,为别人送上精神上的需求,在我看来,这是未来人的最主要的特征。深切地关心人,使每一个人,我们的每个同胞,都成为精神上充实,道德美好,聪明、勤劳的人,善于珍惜、尊重和爱护我们生活中最可宝贵的——人,所有这一切,我称之为善良,人性。

真正善良的具有人性的人都对丑恶具有强烈的恨,我们要像教人们学会善良一样,去教人们学会憎恨一切丑陋的东西。

在科热夫尼科夫的长篇小说《你们相识吧,巴卢耶夫》中有这样一段很妙的话:"一个人能够为自己的满足而工作,并且从自己的劳动中感受到忘我的喜悦,那就可以认为,他的一只脚已经踏进了共产主义。"热爱劳动,人在劳动中显示自己的才能,这就是共产主义的理想在我们日常生活中的生动体现。当我们的国家没有一个人对劳动漠不关心，没有一个人把劳动当作是获取一块面包的手段的时候，我们就能够肯定：共产主义已经深入每个人的心灵。在劳动中，在每个人面前都展现着自我教育、自我认识和自我完善的无限领域。由于无穷尽的劳动，人自身将是无穷尽的，而人的完善也是永不休止的。

第二个问题。最危险、最不能容忍的恶劣习性，我认为是没有人性，对人冷漠无情、残忍。这样残酷无情的事情在我们的社会还有不少。我给你讲讲不久以前我亲眼看见的一件事。

在第聂伯河上游的一个大村庄里，死了一个92岁的老人，她是4个儿子的母亲，11个孙子的祖母，22个曾孙的曾祖母。她度过了艰难的一生。在六个坟墓里：在东普鲁士，在玛祖尔人的沼泽里，在喀尔巴阡山中，在柏林城下，都有她的骨血，在六个战士的方尖碑上都有她的姓氏，在每一个字母里，都有她的不眠之夜，有她的激动与期望。

母亲死后，她最小的50岁的儿子，怀着悲痛和忧虑对人们说：请帮助我把母亲安葬吧。木材场没有现成的做棺材的木板，但是他遇到了善良的人们，大家脱帽静默一分钟，为死去的老人默哀。他们锯开一棵大松树树干，对他说：拿去吧，孩子，给母亲做棺材去吧。木板需要运走，但是没有汽车，汽车都在工作。这时碰到又一个好心的人。儿子站在迎面驶来的第一辆汽车面前，司机替他分担了困难，把自己的运输工作停了半小时，将木板装上车，开出了木材场的院子。就在这时，发生了一件令人莫名其妙又毫无道理的事情。汽车队的队长看见自己的汽车装着木板，司机同志在大门外帮

给儿子的信

助用绳子捆木板,他喊叫起来:

"这是干什么?你为什么不干自己的事?"

司机和死者的儿子对队长说:"请不要喊叫,是这么回事,死人了。"队长无动于衷,不表示歉意。他反而暴跳如雷,大发雷霆,在脸色苍白的司机眼前挥舞着拳头,爬上汽车,把木板扔在地上。司机开车走了,儿子站在木板跟前痛哭着。他眼泪汪汪,没有发觉有一个不相识的人赶着大马车向他走来。他是从奶油厂返回来的,听到吵闹声,他停下来,明白了一切……他把木板搬上马车,轻轻抚摸着痛苦不堪、遭受污辱的儿子的肩膀,低声问道:"木板拉向哪儿?"

惨无人道,这是最可怕的、最不能容忍的道德堕落。你反复地问问自己:在我们这里,那些难以称他们为人的人们是在什么样的环境里长大的呢?是什么原因使他们冷酷无情、麻木不仁的呢?在我们这里应该说没有产生暴虐和惨无人道的社会条件,那么,一定有什么别的原因。我从小就认识前面所说的那个汽车队长,他叫伊万科。小时候,他是个普普通通的孩子。他和千万个别的孩子一样,上学念书,夏天下雨以后,他喜欢光着脚在小水洼里闲逛,翻过墙板到邻居的果树园里偷摘苹果,似乎邻居家的苹果比他自己家果园里的苹果更香甜。

然而还有别的事,是一些邻居们愤懑地讲述过多次的许多往事。伊万科的父母和祖母共同生活在一起。伊万科的母亲总是不喜欢他的祖母。老奶奶单独住在贮藏室里,自己给自己做饭。孩子常常听他母亲说:"老婆子厉害,不好……"有一次过节,母亲做好了凉菜。她对儿子说:"儿子,把那个最小的小盆,就是我们放果皮核的那个小盆端去给奶奶。"母亲让孩子取柴火烧炉子时,对他说:"伊万科,把干柴拿来,湿柴留给奶奶,她不喜欢房间里热乎乎的。"于是,孩子明白了,奶奶是一个被蔑视的人。有一年夏天,老奶奶让孙子为她去草地采一种叫酸横的野菜煮汤喝。伊万科不愿意去草地,他跑到菜园子里揪了一把糖萝卜的茎叶,给了奶奶。眼神不好的奶奶把糖萝卜茎叶切碎煮了菜汤。伊万科为此还津津乐道地向伙伴说欺骗奶奶的过程。听了伊万科的故事,孩子们为他所干的事感到惊奇。家家户户都在议论。顿时"厉害的儿媳,不孝的孙子"的丑闻传遍了全村。

几年过去了。伊万科长大了,参军入伍。他安然无恙地度过了整个的战争年代。他没有回到自己的家,那时在离村庄不远的地方,正开始建设一个大发电厂。伊万科在这里找到了工作,先运输材料,当调度员,后来当上汽车队队长。他平步青云,又善于走后门。有人喜欢他,因为只要领导说半句话,他就能领会领导的意图。

伊万科的父亲和祖母相继去世了。只剩下母亲一个人。儿子把她安顿在自己的大石头房子的一间小贮藏室里。搬来一个炉子,对母亲说:"妈妈,你自己煮饭吃吧,安分守己过日子,不要影响别人。"此时,母亲才想起了当年自己让他给婆婆送凉菜时对儿子的训示……似乎这时她才记起民间的名言:关心人的心灵,不是当孩子顺着躺在床上,而是当他横着躺在床上的时候……像伊万科这样的人,人民叫他丑恶的人。未来不属于这样的人,未来属于那些现在已经达到共产主义道德高度的人们。

第三个问题。在教育青年一代的工作中所犯的最严重的毛病，我认为就是：很多的父母，甚至包括教师们都不知道怎样爱孩子。他们忘记今天的小孩子就是明天的成年人。在父母和教师眼里，他们永远是孩子。后来不知不觉婴儿成了少年，少年又转眼到了要成家的年龄，这时才使父母大吃一惊。所以要善于爱孩子。契诃夫写道："孩子是神圣的、纯洁的。即使在强盗和鳄鱼那里，他们也在天使的位置上。我们自己可以爬进任何一个什么坑里去，然而一定要把他们安置在适合他们身价的气氛之中……不能把他们当作自己情绪的玩具：忽而温存地亲吻，忽而狂暴地脚踢。专横的爱还不如不爱。"①

专横的爱，这是一种可怕的摧残儿童的力量。父母之爱的专制主义在于，这"两份爱"是由情绪而来的；当父母心情舒畅的时候，在家里可以宽恕一切，孩子随心所欲，怎么都行，甚至小孙子可以用拳头打祖母或者嘲弄她；反之父母情绪不好，父亲就虐待孩子。

我们教育的人是共产主义社会未来的公民，他们要珍爱和保卫我们的祖国，要增加我们的物质和精神财富，这样的人在生活的各个领域。应当是伟大的，精神充实的，具有多方面用之不尽的才能的美好的人。他们不仅应当准备在战场上立功，而且要准备在机床旁，在拖拉机方向盘旁，或者在畜牧场上立功。他们还应该具有一颗爱心，尊老爱幼，听从自己心灵的嘱托，去爱戴母亲，去真诚同

---

① 《契诃夫全集》第11卷，莫斯科，文学出版社，1964年，第314页。

情和关怀所有需要帮助的人。他们应当善解人意，善于理解人的心情，善于懂得并用理智和心灵感知自己同胞的苦恼、悲痛和不安，去帮助他。这才是人的高尚的道德，我们的原则用一句高尚的语言表达，那就是：人与人是朋友、同志和兄弟。

你的父亲